高职高专"十二五"规划教材

民航运输类专业系列教材

民航客舱服务案例精选

MINHANG KECANG FUWU ANLI JINGXUAN

孙岚 编　　　韩瑛 主审

化学工业出版社

·北京·

本书根据航空乘务员的工作职责和需要掌握的服务技能，精选了66个成功和处置失当的客舱服务案例，形象地再现了客舱服务中遇到的各类场景及乘务员的处置方式，并通过细腻、全面的点评分析归纳提炼出优秀的服务理念和正确的处置方法。同时，本书通过对案例的深刻分析诠释了为旅客提供优质服务、维护旅客安全需具备的技能与技巧。

　　本书可作为高职高专空中乘务专业学生的教材，也可作为其他服务行业的服务人员提高服务技能的培训参考用书。

图书在版编目（CIP）数据

民航客舱服务案例精选／孙岚编． —北京：化学工业
出版社，2015.8（2023.2重印）
高职高专"十二五"规划教材
ISBN 978-7-122-24375-1

Ⅰ．①民…　Ⅱ．①孙…　Ⅲ．①民用航空-旅客运输-
商业服务-案例-高等职业教育-教材　Ⅳ．①F560.9

中国版本图书馆CIP数据核字（2015）第135657号

责任编辑：旷英姿　陈有华　　　　　　　　　装帧设计：王晓宇
责任校对：李　爽

出版发行：化学工业出版社（北京市东城区青年湖南街13号　邮政编码100011）
印　　装：三河市延风印装有限公司
787mm×1092mm　1/16　印张7½　字数106千字　2023年2月北京第1版第7次印刷

购书咨询：010-64518888　　　　　　　　　售后服务：010-64518899
网　　址：http://www.cip.com.cn
凡购买本书，如有缺损质量问题，本社销售中心负责调换。

定　　价：23.00元

前言
FOREWORD

　　客舱服务是民航服务的重要组成部分，是航空公司对外展示形象的重要窗口。乘务员的职责就是在狭小的客舱中，在短则几十分钟、长则10多个小时的时段内，为旅客提供一个安全、顺利、舒心的空中旅途。为此，乘务员必须首先掌握航空安全规章、服务规范、服务技能、特殊事件和应急事件处置等专业知识，打下扎实的业务基础，然后在航班中将这些知识转化为实际操作技能为旅客服务。然而，由于旅客需求的多样性和空中服务的特殊性，航班中往往会遇到各种各样的情况和问题，时时考验着乘务员。因此，一名优秀的乘务员应该具备娴熟的专业技能，拥有丰富的临场处置经验和良好的沟通技巧，有时甚至需要创造性的发挥，才能在客舱服务中游刃有余，满足不同旅客的需求，妥善地解决各类问题，应对复杂情况。

　　本书作者从事客舱服务、服务管理以及乘务培训工作二十余载，根据乘务员的工作职责和需掌握的服务技能，从多年的服务经历中选取了66个具有代表性的案例，涉及服务意识、服务技能、客舱安全、特殊旅客服务、沟通技巧、不正常航班服务、旅客投诉处置、机上急救处置以及特殊事件处置等方面，形象地再现了客舱服务中遇到的各类场景及乘务员的服务技巧，以简洁生动、通俗易懂的语言进行细腻、全面的点评分析，归纳提炼出优秀的服务理念和正确的处置方法。同时，本书通过对案例的深刻分析，诠释了民航乘务员以尽心履职维护旅客安全、以优质服务塑造民航形象、以创造惊喜超越旅客期望的敬业精神和职业素养。

本书分为五章，每章的第一节是简要的服务技能理论阐述，然后是相关案例的展现和讲评，引导学员进入服务场景。66个案例中，既有成功的案例，也有处置失当的案例。成功的案例由"情景"和"点赞"两部分组成，"情景"部分主要展现案例发生的状况和结果，"点赞"部分则以点评的形式概括出成功处置的方法供学员借鉴。处置失当的案例由"情景"、"反思"和"改进建议"三部分组成，"反思"主要进行处置失败的原因分析，提出存在的问题，"改进建议"则提出建议的处置方法，帮助学员在反思后找到正确的方式以应对类似的场景。同时，根据每一节案例的主题，点出相关服务技能的"关键词"，归纳该类技能的实践重点，便于学员回顾掌握；部分案例引用了类似的或其他服务业的经典案例，以拓宽学习者的视野。

案例教学使学习者能够在服务场景中将学习的服务理论知识转化为服务技能，是服务技能学习的一种重要手段。希望学习者通过案例学习，全面掌握服务技能，真正理解优质服务的意义，感悟服务的真谛和秘诀。

在本书的编写过程中，编者很荣幸地得到了民航业内资深客舱服务管理专家韩瑛女士的专业指导和帮助，并由她精心审稿，在此向她表示衷心的感谢！由于作者知识和能力的局限性，本书难免存在疏漏和不足，敬请各位同行和专家指正。

编　者
2015年4月

CONTENTS

目 录

2 CHAPTER 第二章 · Page

客舱安全奠定民航根基 · 039

3 CHAPTER 第三章 · Page

特殊服务传达尊重关爱 · 049

4 CHAPTER 第四章　　　　　　　　　　　　　　Page

沟通技巧营造满意服务　063

5
CHAPTER 第五章

CHAPTER 参考文献

第一章

优质服务塑造民航品牌

学习目标

1.了解为他人提供优质服务对于所就职公司和自己的意义。

2.掌握提供优质服务的技巧。

3.学习有关服务意识、服务规范、服务技能、特殊旅客以及重要旅客的服务案例，分析思考这些案例成功的经验和失误的教训，学习为特殊旅客和重要旅客提供服务的方法。

第一节
优质服务概述

一、优质服务的意义

服务是为他人做事，并使他人从中受益的一种有偿或无偿的活动。乘务员为顾客提供优质服务，对所就职的航空公司和自身而言，都具有重要的意义。

对于航空公司而言，旅客是企业的衣食父母，失去旅客，企业就失去了生存的依赖。因此，旅客对于公司至关重要。航空公司精心打造的产品经由员工的优质服务呈现给旅客，通过为旅客提供尽善尽美的服务，树立起良好的口碑，而良好的口碑会给公司带来更多的忠实旅客。因此，优质服务是航空公司与旅客之间的媒介。一次美好的乘机体验将给旅客带来难忘的愉悦感受，从而促成日后的再次光顾，加之众口称赞的口碑传播，航空公司的经营将形成富有活力的良性循环。一位美国企业的董事长曾说："经营企业最经济的方式就是为顾客提供最优质的服务，而顾客的推荐会给企业带来更多的顾客，在这一点上企业根本不用花一分钱。"

对于乘务员而言，优质的服务使乘务员赢得了旅客的尊重，肯定了自身的工作价值，激发了乘务员对乘务工作的热爱和自豪感。此外，乘务员在为旅客服务中涉及到服务心理、沟通技巧、现场应对等多方面知识的运用，在工作中不断累积服务经验，提升了服务技能和人际交往的沟通能力，提高了综合素质和自身修养，为自己未来的职业发展打下良好的基础，对经营个人生活也有很大的助益。

二、优质服务的技巧

1.热情主动

乘务员接待旅客的第一步就是要做到热情主动，热忱的问候，主动为旅客提供所需的服务，让旅客对航空公司、对乘务员建立良好的印象。热情应出自真诚，热情离不开发自内心的微笑。乘务员通过热情主动的服务意识和全过程的微笑服务把自己的温情和爱心传递给旅客，为旅客营造如沐春风的愉悦氛围，带给旅客一段难忘的旅途体验。

2.细致周到

细节制胜，抓住细节就能抓住旅客的心。乘务员在服务中应该善于观察，从细节入手，积极满足旅客的不同需要和期望。细节虽小，却反映出乘务员对旅客的用心程度。如果说飞机客舱是一个空中之家，乘务员就是这个家的主人。当乘务员设身处地为旅客着想，对旅客犹如亲人和朋友一般的周到照顾，就能让旅客宾至如归，有时刻被关注和重视的感觉，感到像在家一样的舒适满意。

3.技能精湛

空中旅途往往会遇到许多意想不到的事情，客舱服务的特性决定了乘务员必须扮演多重角色。在正常情况下，乘务员尽心为不同旅客提供满意的服务；在特殊情况下，乘务员需要以多种技能为旅客解决难题；在紧急情况下，乘务员更应挺身而出，实施机上急救，指挥应急撤离，全力保护旅客的生命安全。所以，乘务员需要掌握的专业知识与技能涉及到服务规范、服务心理、急救处理和应急处置等多方面，精湛的业务技能将使机上旅客及时获得周到的服务和有效的帮助与救助。

4.超越期望

在航空业竞争激烈、旅客需求不断提升的趋势下，常规的服务难以给旅客留下难忘的印象。旅客的满意度和他预期的期望值有很大关系。如果旅客在机上的实际体验超出了乘机前的期望，就会感觉到意外和惊喜，这份惊喜带来的愉悦可以维持很长一段时间，甚至是终生难忘。所以只有服务不断超越旅客的期望，为旅客创造惊喜，才能获得更多的忠实旅客，成为服务竞争的法宝。

第二节
热情主动赢得旅客——服务意识案例

服务意识是自觉主动做好服务工作的一种观念和愿望，它是驱动实施优质服务的原动力，它发自服务人员的内心。乘务员不仅须具备真诚、热情、主动为他人服务的意识，还需具有换位思考、善解人意的思维，有时甚至是服务于旅客开口之前，想旅客之未想，而要做到这些，首先需要具备一双会发现旅客需求的眼睛，然后拿出主动为旅客着想的行动，如此呈现出的优质服务，定会赢得旅客的满意，获得好的服务效果。

案例1

登机牌里蕴藏的服务机会

那是由新加坡飞往马尔代夫的航班上，乘务员带着极具亲和力的灿烂笑容，站在机门前主动问候每一位旅客，并快速为他们指引座位。一对夫妇来到登机口，当他们将登机牌递给一位乘务员后，她没有马上将登机牌交还，而是看了他们一眼。原来，乘务员发现这对夫妇的座位是分开的！随后，乘务员做了一件让人惊讶的事情——她飞快地奔下飞机，与地面工作人员确认当天航班的空座情况：后舱中间有四个连续的空座。不一会，乘务员就气喘吁吁地带着好消息回到了机上，将这对夫妇的座位调在一起。不仅如此，乘务员担心这对夫妇找不到座位的准确位置，热情地把他们带到了座位处，协助安放了行李，最后还不忘祝他们旅途舒心。

点赞

这对夫妇当然会感到舒心，相信任何一对夫妇都不愿度过四个半小时的孤独旅程。乘务员敏锐、主动的服务意识让人惊叹。她在问候旅客时不是程序化地说着问候语、做着机械化的动作，而是用心在服务，所以能发现这对夫妇将会遇到的问题，同时也发现了提供服务的机会。她也没有就此忽略，让旅客自己去解决。而是主动去了解空座情况，亦热忱引领旅客入座，并以优雅有礼的祝辞作为这次服务的收尾。她的这番热情主动源自一颗真诚为旅客着想的心，视旅客愉快地度过旅途为自己的职责所在。对于这对夫妇来说，无须开口向乘务员提出换座要求，也无须自己去和其他旅客商量，乘务员已为他们顺畅地解决了，接下来只要享受舒心的旅程就可以了，而他们对这家航空公司的美好印象将会挥之不去，自然而然地就会成为这家公司的忠实旅客。

链接

一对热恋中的情侣去一家米其林三星餐厅用餐，可是不巧，餐厅里只剩下两个在洗手间门口的座位。虽然憋屈、难受，但是美食当前，只能忍耐，他们准备草草吃完赶紧走。正当他们无奈、沮丧时，一名服务员来到他们面前，热情地告诉他们："尊贵的客人，现在有一桌靠窗的桌子空出来了，需要为你们换过去吗？"那对情侣没有说出来的抱怨被可爱的服务员感觉到了，顾客当时的感觉谁都能想象。

——感知客人的不悦，为客人的愉快而努力

米其林餐厅的美食口味让人信任，没想到服务也让人惊喜，这家餐厅并没有因为生意兴隆而忽视了旅客的用餐体验。将心比心的换位思考，服务员发现了客人的不满，默默记住了客人的需求，然后关注餐厅内空桌位的情况，一有机会就主动为客人更换较好的座位。这是真正的视顾客为上宾的服务意识，一心只为让客人获得美好的餐饮体验，不是简单地提供一个桌位而已。服务员的努力，客人会记在心里，不愉快的感受随之被美好的记忆所取代！

案例2

入座后的神奇一刻

情景

在一个航班的登机阶段，乘务长在迎客时发现了一张熟悉的脸，那是一位经常乘坐该公司航班的旅客，乘务长曾多次为他服务。旅客入座后，乘务长笑意盈盈地送上一杯加冰的可乐，又送上一份《新闻晨报》和《21世纪财经日报》。旅客疑惑着问道："你怎么知道我想喝可乐，而且还是加冰的？又怎么知道我想看这两种报纸？这么神？"乘务长笑着说："这不是您上机后的习惯吗？您是我们的常旅客啊。"供餐时，有中式和西式的选择，乘务长贴心地送上他喜爱的中式点心和苹果汁。下降时，这名旅客交给乘务长一封表扬信，说道："谢谢你的服务，没想到你这么细心，我很感动。就冲着你对工作的这份认真和仔细，我将是你们公司最忠实的乘客！"

点赞

这个案例奇妙的地方是旅客并没有开口提出需求，乘务长就把旅客喜好的报纸和餐饮送到他面前。加冰的可乐、苹果汁还有中式点心，都是旅客心仪的选择，如此贴心的服务，任谁都会被打动。这个神奇的结果源于乘务长对旅客乘机习惯的细心观察和记忆。频繁光顾的旅客是航空公司必须重视的高价值旅客，乘务长的用心成就了服务于旅客开口之前的个性化服务，表达了公司对常旅客的重视和感谢。旅客不再是感觉到了一个陌生的客舱，而是到了一个他非常熟悉又亲切的环境，那里有了解他喜好的乘务员，他会得到知己一般的款待。现在，随着现代移动通信和网络技术的日新月异，航空公司的旅客服务系统使工作人员掌握每一位旅客的乘机习惯成为可能。当一位旅客乘坐了一个航班，乘务员会观察他的乘机偏好，然后记录在系统里。下一次，当这位旅客再度乘坐这家航空公司的航班，他的乘机信息就会显示，乘务员就可以根据他的乘机习惯为其送上属于他的个性化服务，给予旅客专属、贴心的乘机体验，这样的神奇一刻将频繁展现。我们说优秀的客舱服务能留住忠实旅客，这何尝不是一种直观而生动的营销？这更是服务创造价值的生动体现。

于先生是一位服务行业的研究者，他喜欢去体验全世界各地五星级酒店的服务。以下是他在住了一家曼谷的五星级酒店后的感言：第二天一早，当我打开门时，走廊上的一位服务员热情的说道："于先生，您早！"

问候不新奇，可是知道我姓于不简单。我马上就问他，你怎么知道我姓于？"先生，昨天晚上您休息的时候，我们设法记住了每个房间客人的名字"——棒！

后来我从四楼坐电梯下去，电梯门一开，又一个服务员站在那边，"早上好，于先生！""你知道我姓于？""先生，上面有电话下来，说您下来了"——棒！

——姓氏服务接力令旅客备受尊重

自己的姓名对每个人来说都是一首动听的音乐，因此谁都喜欢听到自己的名字被别人礼貌而恭敬地提起。在服务业中，当客人的姓氏被服务人员识别，表达的是对这位客人的尊重和由衷的欢迎，谁会拒绝这份盛情？谁又会不记得这家记得客人姓名的饭店或公司？这家酒店用心在每一个与客人接触的环节都能以姓氏尊称，给客人的感受真是妙不可言！

自制"外套"解难题

某日，有位旅客带了一辆大型的名牌婴儿车。乘务长见状后马上告知旅客："对不起女士，这类婴儿车不能折叠，今日航班又是满客，客舱里实在没有空间可以安放，建议您托运。"旅客表示自己不是不愿意托运，是因为怕这个车被摔坏所以不敢托运。"是的，将心比心，我也是做妈妈的，您这台婴儿车价格不菲，如果真被弄坏了，我也不舍得。"乘务长又耐心向旅客解释："但是，出于航班安全考虑，体积过大在客舱无法安放的行李是必须托运的。女士，我为您女儿的座驾做个外套吧？"乘务长说完便拿出了两个机上的大垃圾袋，协助旅客一起将婴儿车套起来，做适当防护，又要求地面工作人员贴上了"小心轻放"的提示条。旅客目睹了这一整套的"防护措施"，这才放下心来，同意托运。航班落地前，乘务长又让机长通知地面工作人员，到港后先将婴儿车拿到机舱口，最大限度地方便旅客。当这位旅客走出客舱，看到自己完好无损的婴儿车放在面前时，顿时露出了欣慰满意的笑容，连声道谢！

点赞

航班满客时，乘务员常常会遇到一件头疼的事。行李"溢出"，无法安置在客舱里，而旅客不愿办理托运。旅客不愿托运似乎也有道理：行李曾被摔坏，自己的行李箱太名贵，提取托运行李要等待较长时间等等。案例中的乘务长也遇到了这样的问题，但是她却成功说服了旅客办理托运。她是怎样做到的呢？她的成功之处就在于她完全是站在一个妈妈的立场，即站在旅客的角度去设想、去阐述自己的观点。她愿意为旅客多想一些，愿意多做一些。如果她只是按照处理超大行李的规定和流程，一味地对旅客强调："这是规定……"旅客可能不会接受，双方将为童车托运问题在客舱里胶着、对峙，不是影响航班的正常起飞，就是导致旅客与乘务人员反目。聪明的乘务长找到了解决问题的突破点，拿出了解决方案，主动利用机上物品进行包装，扫除了旅客的担忧，巧妙解决了旅客不愿、而规定要求必须托运的难题，并且获得了旅客满意的效果。后续的地面服务安排，使婴儿车能第一时间拿到机门口，免除了那位妈妈的不便，真是细心周到之极。让我们回顾一下乘务长的处置诀窍：动之以情、晓之以理、将心比心、主动作为。

链接

　　一位篮球运动员乘坐航班，高大的他只能低着头走进客舱，来到自己的座位，是一个靠窗的座位。迟疑了几秒钟，他叹了口气蜷缩了进去。入座后，他开始不停地向前张望。乘务长发现了他，于是，运动员被换到了间距较宽的应急出口座位，他的双脚可以舒展开来，再也不必忍受狭小空间的折磨，他内心的喜悦溢于言表。

——一双善于发现旅客需求的眼睛

　　这位运动员入座后为什么不住地向前张望？你能读懂他的心思吗？乘务员在客舱里的巡视不是走过就好，是要用眼睛、用心灵去观察旅客，有些旅客正等着你去发现他们，去为他们解决乘机中遇到的不适或困惑。这位乘务长就有一双善于发现的眼睛，她发现了运动员的不自在，然后想办法让他的旅途没有遗憾。试想，如果乘务员"无心"地从他身边走过，看不到他的期望，或者当作没看见，这位运动员可能会难受地度过这段旅途，当然不会对当天的服务满意。有时候，只要乘务员多一份细腻、多一份主动，就可以换来旅客的满意之旅，就会得到旅客发自内心的肯定，何乐而不为呢？

被遗漏的特殊餐食

　　某日北京航班上转来一些其他航空公司的旅客，其中有位旅客预订了素食，但是该航班没有接到有素食旅客的信息，所以也就没有准备素食。当这位旅客先后向几位乘务员表示他预订过素食时，前两位乘务员都表示没有接到过他预订素食的通知，因此责任不在他们。而第三位乘务员知道后，立刻向旅客表达了歉意："很抱歉，我们交接工作上的遗漏给您的旅途带来了不适，我们还有些蛋糕、水果以及坚果类的小零食可以供您选择，希望能弥补没有素食的遗憾。"随后，乘务员拿来了一个托盘，上面放着各种食物，旅客欣然选择了一些。乘务员又说道："您的情况我一定会及时反映，希望以后再也不会有这样的问题。"旅客笑着表示感谢，素食问题得到了解决。

点赞

　　有时航空公司遇到延误或取消航班，就会把部分旅客签转到其他航空公司的航班上。相应的，那些预订了特殊餐食的旅客信息也应该一并转过去，可是实际操作中难免会遇到信息遗漏的情况。因航班签转造成旅客特殊餐食信息的遗漏，虽然责任不在乘务员，但乘务员应该为旅客着想，尽力为旅客解决问题，因为让每一位旅客乘兴而来、满意而归是航空公司的服务目标。案例中，前两位乘务员表现冷漠，事不关己，没有将旅客的需求放在心里。幸好有第三位乘务员的出色表现消除了旅客的不满，她合理的说明让旅客理解，虽然没有素食，但还是设法找来额外的食品弥补，通情达理的旅客看到了乘务员的努力，谅解了这一次失误。

链接

　　某旅客向一名正在客舱巡视的乘务员提出异议：自己的餐盒比其他旅客少了两包小零食。乘务员直接答复：对不起，今天是满客，没有多余的餐食了。事后乘务员没有再做任何弥补工作，也未把情况汇报给乘务长。该旅客在下机时面露愠色地交给乘务长一张意见卡，乘务长才得知情况，但此时旅客已经下飞机，无法再做弥补工作。

——错失弥补时机的乘务组

　　乘务员缺乏服务意识和服务敏感性，既不采取弥补措施，也不向乘务长汇报，错过了最佳的弥补时机。当旅客提出不满时，乘务员没有意识到是由于公司工作环节上的差错导致旅客应得的服务存在缺失，应该积极设法弥补才是。例如，一边道歉一边补上一些其他食品让旅客选择，相信旅客不会再写下那张意见卡，也会愉快地度过这段旅途。公司为旅客提供的服务是经由每一个服务环节组成的一条服务链而呈现的，当上一环节发生差错，下一环节的服务人员发现后就应该马上补救，保证最后的服务结果令旅客满意。

"这不是我们的责任"

情景

　　一位乘坐头等舱的旅客在接受了一系列服务后，径直走向乘务员，严肃地表示要投诉。"你们的餐食里没有辣椒酱！没有辣椒酱就算了，可你们的餐食是什么品质？鱼肉像鸡肉一样木讷，胡萝卜像腌过的酸黄瓜！餐食品质差就算了，可你看看你们的娱乐节目，竟然还是去年的电影！……"旅客在气头上，乘务员倒是镇定，因为她认为旅客投诉的内容与她的工作毫无关系，便回答："先生，这不是我们的责任，因为这些都是地面人员准备的。"这位旅客却不依不饶，最后升级为投诉乘务员的服务态度问题。

反思

　　其实对于旅客来说，航空公司提供的服务是一体的，从购买机票、办理值机手续到走入客舱，以及到达目的地后提取行李，都是他对航空公司服务的体验。而乘务员却认为机上餐食、娱乐节目等都与她无关，导致在回答旅客的抱怨时立足于撇开责任，这样只会起到相反的作用。案例中的乘务员表现很糟糕，可想而知这个航班的服务品质定是让人心生不满。旅客不会在乎是哪个环节、哪个部门、哪个人出现了问题，他们在乎的是问题如何以最简单的方式得到解决。想想看，你是公司的一员，公司发展得好，作为员工的你就跟着有职业发展的空间，有良好的福利待遇；公司发展得不好，经营每况愈下，你还想有工作环境和生活品质的提升吗？毛之不存，皮将焉附？所以，航空公司的每位员工在旅客面前都是公司的代表，必须具备全局意识，主动承担首位责任！即不管是谁的错，旅客问到你了，你就要承担致歉、安抚、说明的责任，并寻找替代措施弥补，尽力化解旅客的不满。即使有些事情无法解决，但是你想解决问题的态度会获得旅客的谅解。

改进建议

乘务员可以对旅客说："对不起，让您感到不愉快，我们感到很过意不去，这是我们的责任。听了您刚才的一席话，我作为公司的一员，感到无地自容，我想我们需要改进的地方太多了，我们需要好好检讨。"这样得体谦逊的一席话与案例中的沟通相比可谓天壤之别。乘务员是站在代表公司的立场上与旅客沟通，首先明确了"是我们的责任"。事实上，旅客对服务有不满，无论是不是我们的直接责任，作为服务人员都要向我们的旅客道歉，那是为了旅客当时不愉快的心情而道歉，毕竟公司的服务没有让旅客满意。乘务员随后认真聆听旅客的意见和建议，表示会向相关部门转达旅客的意见，还可以诚恳地希望下次旅客再来时能看到公司服务的转变。也许，在这一番诚恳的"告白"后，旅客可能决定放弃投诉，因为他想要投诉的目的已经达到了，乘务员不是都已经答复他了吗？旅客会为乘务员真诚的歉意和主动的担当而转变态度。

我们知道，服务质量的好坏是由旅客来评判的，旅客可以选择是继续购买这家航空公司的机票，还是不再选择。在这次事件中，旅客看到了也许我们自己看不到的问题，乘务员把旅客的意见及时传达至有关部门，有关部门迅速整改，这样就把旅客的不满化为改善服务的机会，在旅客的参与和督促下改进提高了服务质量，这难道不是一件好事吗？所以遇到旅客提出意见时，乘务员应该主动承担错误，避免推卸责任，积极设法弥补，争取旅客谅解。

链接

有一家超市，顾客在购买了牛奶后，发现是酸的，于是找上门投诉。超市员工答复："先生，质量问题我管不了，你要找生产单位，这是他们的责任，不好意思。"听罢，顾客直接把牛奶一扔，再也没有进过这家超市。

——推卸责任的结果是推走了顾客

在当今商业网点多、竞争激烈的市场背景下，顾客可以不和你理论，顾客也没必要和你理论，只是简单地下次不选择你就可以了，因为有很多超市可以选择，有很多品牌的牛奶可以选择，而遭受损失的是失去顾客的超市和厂商。顾客的想法很简单，我从你这里买东西，你就要为我买的东西负责。一家推卸责任的超市，商品质量没有保证的超市，让顾客再也不想去第二次。在这个案例中，如果超市员工重视顾客的投诉，马上致歉，给顾客换上质量好的牛奶，结局会很大不同。顾客会重建对这个品牌牛奶的信心，并因这家超市负责的态度而产生好感和信任，自然而然地会频繁光顾。可见，一句随意的话语、一次随意的行为就会失去一位顾客，如果这位顾客在亲朋好友中传播这条信息，更多的顾客就会悄悄离去……

案例6

故障 + 敷衍 = 愤怒

情景

在一架国际跨洋航班上，头等舱的前部舱位坐着一对夫妇。飞行中，那对夫妇按了呼唤铃叫来乘务员："你好！我的遥控手柄（机上娱乐设备）好像坏了。"那位乘务员说，"哦，是吗？我看一下。"在几经测试之后，乘务员说道："不好意思，先生，手柄是坏了，那你只能用前面的触摸屏看娱乐节目了。"旅客马上露出了不悦的表情："除了让我用触摸屏，你还有其他解决的办法吗？""先生，你还可以换个座位。"说完，乘务员指了指边上空着的单人座。"你的意思是要让我们夫妻分开坐？那算了，不用了。"那位先生摆了摆手，示意让乘务员走开。过了15分钟，旅客来到头等舱后部舱位处使用洗手间。让他再也抑制不住心中怒火的事情发生了，他竟然发现这里空着整整一大片座位！为什么不能让他们夫妇俩一起换到这里的空座位呢？乘务员是想留着空座位自己休息吗？一连串的猜疑出现了……

反思

　　乘务员没有站在旅客的角度为旅客着想。首先，旅客在提出设备有故障时，乘务员用了质疑的态度去答复，这种潜在的不信任埋下了导致不满的因子。接着，在确定是手柄故障后，乘务员没有用积极诚恳的态度去对待，而是以一种随意的、想当然的方法去敷衍旅客，没有意识到因设备故障降低了头等舱旅客的乘机感受，而乘务员有责任设法去弥补。而后，当旅客无意间发现乘务员完全有条件帮他解决手柄问题，也完全可以满足他们夫妇坐在一起的要求时，旅客的底限被触碰到了，导致的后果除了当时的愤怒，还可能使他们今后不再选择乘坐该公司的航班。由于乘务员的"敷衍"和缺乏服务意识，无形中使公司蒙受了损失。反之，只要乘务员尽心去做得更多，尽力去做得更好，就能为公司吸引一大批忠实旅客。

改进建议

　　头等舱的旅客是为航空公司带来高价值的旅客，理应获得乘务员的尊重和款待。乘务员在接到旅客反馈时，应以重视的态度立即致歉，积极努力帮助旅客调换座位，给予旅客应得的头等舱服务体验，还要考虑到夫妻需要坐在一起的需求，决不能怕麻烦而不顾旅客的感受。乘务员完全可以通过积极的举动将危机化为转机，使旅客由不满转化为满意，而对航空公司留下良好的印象。

案例7

漠然的乘务员

情景

　　某日在飞往广州的航班上，一名女子最后上机，见自己座位上方行李架已满且很乱，便请求离她最近的一名乘务员帮助她，希望乘务员可以把行李架整理一下，方便自己把行李放到行李架上。只见乘务员慢慢向旅客走来，表情冷淡。旅客希望乘务员把她的行李放上去，而乘务员看到旅客的行李就是一个小包，且不是很大，于是就用手指了指方向，示意旅客自己放行李。旅客对此很不满，写下满满一张意见卡。

反思

　　当旅客有服务需求，乘务员不是主动响应，而是漫不经心且态度冷淡，肢体语言和表情传达出的信息，旅客一目了然，那是对旅客漠然的态度，说明他没有重视旅客的需求。"这么小的包，你自己不能放吗？"这是乘务员的潜台词，他只看到旅客的包，没有观察行李架的情况。他只是站在自己的位置上被动工作，当然无法觉察自己工作的失职，没有及时整理行李架，不但行李的安全摆放存在隐患，行李架的空间也没有好好利用，后来的旅客行李放不下……这样的乘务员，没有主动性，也没有服务意识，最终导致旅客抱怨。

改进建议

　　旅客登机时，乘务员一边引导旅客入座，一边及时整理行李架，使旅客的行李得以整齐妥善地安放，尽力节约出空间以便摆放更多的行李，后来的旅客就能快速放好行李，快速地入座，就可以减少登机时客舱的拥堵情况，让旅客登机流程更加顺畅，这对旅客、对乘务员而言都是一件有利的事情。当旅客需要乘务员提供帮助，乘务员要迅速响应，积极为旅客解决困难，体现出主动、周到为旅客服务的精神，直到旅客满意为止。

服务意识关键词：为客着想、善于观察、主动作为、积极弥补

第三节
精湛技能彰显专业——服务技能案例

　　服务技能是客舱服务的基本功，它包含机上服务规范的运用、服务流程的执行、旅客心理的把握、服务经验的累积等。每日的航班上会遇到各种不同需求的旅客，遇到各种不同的情况，优秀的乘务员总是能在各种复杂的情形下，做出最恰当的处理，为旅客排忧解难，让旅客享受到专业、高品质的航空服务。精湛的服务技能是在遵循服务规范基础上的再创造，把握住服务的细节，融入乘务员的智慧，创造满意而精彩的服务。

 案例8

规范服务显品质

 情景

　　在上海飞往新加坡的班机上，旅客郑先生端坐在公务舱，他瞥了眼菜单，然后把菜单放在旁边的空座上，摇了摇头，闭上了眼睛。直到两小时以后，郑先生醒了过来，而乘务长正站在一旁，送上热毛巾、温开水。郑先生开口道："这飞机飞了多少年了？太旧了！我预定的是330机型啊。"一句话道出了原委，原来郑先生认为机型太旧，与订票显示的机型不符，所以不乐意了。"真的十分抱歉，郑先生，让您受委屈了！"乘务长真诚地道歉，郑先生这时反而安慰道："这不是你的错，你的服务很好！"在后续服务中，乘务长格外关注每一个细节：摆放物品时，航徽一律正对郑先生，摆在其最顺手的地方；为郑先生准备好温热的面包碟、汤碗、咖啡杯；餐食烘烤完全针对郑先生的个性化需求来选择温度和时间，让他品尝到色香味俱全的餐食；观察郑先生的需求，及时收走他不需要的物品；趁着郑先生上盥洗室的间隙，迅速为他整理好座椅上的物品，准备好热毛巾等。下降前，郑先生叫住了乘务长："你们公司一定重金聘请了专业人员来帮助提升公务舱整体服务品质吧？"乘务长微笑地答道："公司的确下了大工夫在公务舱餐食、餐具及服务品质的改进上，但是更重要的是我们公司把旅客放在最重要的位置。我代表公司非常感谢您在航班中给予我们的意见和建议，正因为有了你们'挑剔'的眼光才会让我们的服务不断提升。"

乘务长没有忽视这位上机后就休息、并且还有些不满的旅客，而是时时观察，在恰当的时机寻求服务的突破，使旅客不满的情绪适时释放。当了解旅客的不满后，乘务长没有一句多余的解释，而是以体谅的态度真诚的致歉。紧接着是一系列规范的服务动作，这些规范服务体现出对旅客的尊重，关注着每一个细节，让细节诠释尊贵，营造出无微不至的精致服务。乘务长最后的一番妙语彻底将旅客先前的不满击得粉碎！她突出了"旅客是最重要的"公司服务理念，并感谢旅客的"挑剔"。是的，从某种角度上看，"挑剔"的旅客才是督促公司不断改进服务品质的"好朋友"！

案例9

细心观察解难题

 情景

在一架航班上，乘务员正在为旅客加饮料，13排A座的女士要了一杯咖啡饮用。途中，飞机遇到轻度颠簸，乘务员提醒旅客系好安全带。待飞机停止颠簸后，乘务长巡视客舱时发现13排A座女士在用小毛巾擦拭泼在衣服上的咖啡，而且其胸口的皮肤已被烫红。乘务长马上意识到这位女士肯定是被热咖啡烫伤了。因为天气暖和，这位女士穿的是件领口比较大的套衫，颠簸时咖啡泼到了领口里。乘务长还发现她在套衫里穿了一件紧身小衣服，那么烫的咖啡和衣服粘在一起，肯定很难受。但是周围坐的都是男士，这位女士也没好意思开口和乘务长说，乘务长却将这一切看在眼里。她马上带这位女士来到前舱洗手间，用冷毛巾敷在烫伤的皮肤上，又为其涂上烫伤药膏。这位女士十分感动："你们真的很细心！"下机时，女士再次致谢："今天真的谢谢你们的细心照顾，我好多了。"

飞行中常常会遇到颠簸，发生颠簸时，乘务员要及时广播提醒旅客入座、系好安全带，乘务员视颠簸的程度继续或暂停客舱服务。颠簸结束后，乘务员要立即巡视客舱，观察旅客需要什么帮助，例如有的旅客晕机呕吐，需要乘务员及时送上小毛巾和温水；有的旅客感到害怕，需要乘务员进行安抚；有的旅客的饮料打翻了，需要后续处置等等。案例中，细心的乘务长在巡视客舱时就发现了这位女士需要帮助。乘务长感同身受旅客的尴尬和难受，细致的处理让旅客感到贴心，解了这位女士的一时之难。

案例10

巧手去除口香糖

情景

由重庆至上海的航班上，一名旅客按了呼唤铃，乘务员上前应答。旅客说自己的名牌上衣粘到了座位上的口香糖，印迹已无法去除，要求公司赔偿。乘务员当即对旅客道歉，询问旅客有无替换的衣服，并让旅客将衣服交给乘务员处理。衣服换下后，乘务员仔细观察了衣服的面料与口香糖的粘接程度，倒了杯热水，把杯口对准粘到口香糖的部位，让水蒸气把口香糖软化，随后用湿毛巾慢慢擦拭，口香糖就一点点脱落了。处理完毕后，乘务员把干净平整的衣服交还给客人，旅客终于露出了笑容。

原本可能发生的旅客投诉和赔偿要求在乘务员的巧手下化解了，乘务员的处置可谓相当有礼和妥帖，首先致歉，然后镇定地请旅客换下衣服交由乘务员处理，运用平时掌握的生活知识，巧妙去除了口香糖，整个过程可谓赏心悦目。看来，一名优秀的乘务员除了要掌握客舱服务规范和相应技能外，还需要具备一定的生活小窍门，才能应对机上发生的各种问题，最终让旅客满意而归。此外，这个案例的发生也说明乘务员检查客舱卫生不到位，没有及时发现座位上残留的口香糖，导致后续事件的发生。预防事件发生总比事后弥补要好，所以乘务员在航前一定要仔细认真地检查客舱设备和卫生情况，有时设备的不正常不但会影响旅客的使用，还会使旅客受伤，客舱设备的卫生不佳亦会弄脏旅客的衣服，这些都会影响旅客的乘机心情。航前加强检查，及时消除隐患，才能从源头上减少旅客的不满。

案例11

光学原理巧运用

情景

在上海飞南宁的航班上，乘务员在回收垃圾时，一名老年旅客十分焦急地对乘务员说："我的一副老花眼镜找不到了，可能是放在了刚才吃好的点心盒里，被你们收走了。"乘务员一边安抚他焦急的情绪，一边立即翻找回收的点心盒，但没有任何发现。乘务长了解情况后，耐心地询问老人眼镜的具体情况，包括眼镜的颜色、用餐时的状况，帮助该旅客回忆起事前的情景，以便获得更多的线索。为了能够更细致地寻找，乘务长对组员进行了分工，安排一名乘务员检查该旅客座位周围的地面，包括前后左右的座位；乘务长和另一名乘务员则再次对经济舱回收的点心盒进行翻查。为了避免遗漏，她们戴上一次性手套，双手伸入垃圾袋中，打开一个个点心盒，逐一寻找，仍然没有找到这副眼镜。乘务长带着遗憾来到该旅客身边，告诉他眼镜未能找到，旅客目睹了乘务员们为其认真仔细搜寻的全过程，表示已经非常感激，找不到就算了。但没了眼镜，老人看报成了难题。乘务长灵机一动，拿来一张旅客意见卡，用圆珠笔在意见卡上面戳了一个小洞，利用光的衍射原理，试着让旅客通过这个卡上的小洞看报纸。旅客将信将疑地拿过意见卡一看，果然报纸上的字清晰起来，转过身对乘务长竖起了大拇指，原本焦虑的脸上露出了放松的笑容，连声说"谢谢！"

点赞

　　老花镜遗失心焦急，乘务长妙法解难题！当旅客丢失东西时，乘务员虽然没有帮他找回的义务，但为了不让旅客留有遗憾，乘务员还是尽力去帮助旅客。当找寻未果，乘务长急旅客之所急，巧妙运用光学原理，自制了老花镜的简易替代品，一番巧心思解了旅客的一时之急。虽然乘务员这么做会给自己增添一定的工作负担，但旅客的满意和赞扬却让他们在劳累中品尝到无限的快乐。

案例12

失而复得感欣喜

情景

　　某航班，当乘务员刚结束收取餐盘的工作回到厨房时，一名坐在5排D座的旅客焦急地向乘务员反映：他的眼镜放在餐盘上，一并被收走了。由于国际航班的餐具较多，乘务员在回收餐盘时需要整理后才能顺利放入餐车内，乘务员回忆工作过程中并没有发现眼镜之类的物品。但出于对旅客的负责，乘务员仍然打开餐车，将车内存放的42份餐盘一一取出，仔细翻查，始终没有找到眼镜。乘务员看出了旅客内心的失望，主动陪同旅客回到座位继续寻找，但还是没有找到。旅客似乎放弃了，但乘务员仍然心有不甘。乘务员在得知旅客曾经去过洗手间这一情况后，仔细检查洗手间及附近座位，最终在最后一排座位口袋里找到了眼镜。事后了解到，此名旅客在等待上洗手间的时候，无意识地摘下了眼镜，却忘记了放在哪里，误以为被收走了。乘务员的耐心负责得到了旅客的高度赞扬，失而复得的眼镜更让旅客感到欣喜无比。

点赞

　　坚持寻找不放弃！当旅客遗失了物品，虽然乘务员并无工作职责一定要帮旅客找回，可是乐于助人的精神让乘务员急旅客所急，全程为旅客着想，为的是完成旅客的心愿。功夫不负有心人，认真负责的态度终于为旅客找回了眼镜。因为旅客的误以为，乘务员耐心地将已收回的每一份餐盘重新取出、翻找，没有找到也不抱怨，还主动提出回座位继续寻找。旅客想放弃了，乘务员却依然执著，了解旅客动向，抓住点滴线索，运用工作经验，终于使眼镜失而复得。

一位女旅客神色慌张地在座位上找东西，乘务员便过去询问，该旅客茫然诉说自己的一把钥匙不见了。乘务员便帮助旅客从行李架上取下她的包，让她在包中寻找，但是没有找到。眼看飞机就要下降，乘务员安慰她说，先不用着急，等飞机落地后，再帮她寻找。落地后，乘务员找遍了这位旅客的前后排座位仍然没有找到钥匙。这时，乘务员灵机一动，将其座椅垫拆下后终于发现一把钥匙夹在中间，旅客开心地确认就是这把钥匙，乘务员也十分欣慰。

——灵机一动现奇迹

钥匙虽然不是贵重物品，对于主人来说却很重要，因为丢失钥匙会带来很多不便。由于乘务员比旅客更熟悉客舱设备和环境，加上日常工作的经验，所以乘务员更易找到失物。在这种情况下，乘务员变身为帮助旅客排忧解难的好帮手。

案例13

不遵规范招不满

 情景

在上海至北京的航班上，乘务员正在为头等舱旅客提供正餐服务。乘务员在为1排A座旅客倒啤酒时，由于泡沫倒得过多，就将酒杯和啤酒罐一起送给旅客。旅客用餐完毕后要求乘务员添加啤酒，乘务员就拿了为其他旅客倒杯后剩下的半罐啤酒，拿到客舱内为他添加。旅客要求留下啤酒罐，随后发现乘务员拿出的不是满罐啤酒就很生气，认为乘务员把别人剩下的酒倒给他，对他的健康不利。

对于啤酒的倒、送，服务规范有明确的规定，头等舱规定啤酒罐不能出现在客舱里，而是由乘务员及时根据旅客的需要为旅客添加，以保证旅客获得高品质的服务。此案例中，乘务员未遵循这些服务规范，第一次是啤酒泡沫倒得过多导致啤酒量不足，又随意违反规定，将啤酒罐送给旅客。第二次又违反规定将啤酒罐拿到客舱里为旅客添加，最终导致旅客不满。可见，不遵守服务规范导致了后续服务的被动和一错再错。

改进建议

啤酒因其丰富的泡沫，对乘务员的倒酒技能有一定要求，乘务员只能按照规范要求慢慢倾倒，保证泡沫和液体的比率。倒出一杯美观又可口的啤酒，这是头等舱服务的基本功。制定服务规范是为了确保服务人员为旅客提供统一标准的品质服务，设计原则是符合旅客的舒适便利感受，体现出对旅客的尊重，营造出高雅的服务氛围。所以，一个规范动作或规范要求往往具有丰富的含义，例如送咖啡时，咖啡杯的把手要在旅客的右手方向，便于旅客顺手端起咖啡杯；餐盘内餐具和碗碟的摆放都是根据旅客的就餐顺序和使用方便设计的。因此，在提供规定的流程服务时，乘务员应认真严谨遵循服务规范，平时要加强服务规范的训练，养成娴熟良好的服务习惯。服务时切不可因急躁、马虎而随意违反规定，"精简"操作流程，使服务标准"走样"，最终令旅客的舒适美好体验消失。

机械服务惹麻烦

情景

　　旅客张先生夫妇乘坐航班从北京飞往上海。飞行途中，张夫人向乘务员要了一杯咖啡。但当乘务员将咖啡端到张夫人面前时，发现张先生夫妇均已睡着，且张夫人将其黑色貂绒大衣盖在身上保暖。在旅客不知情的情况下，该乘务员仍将热咖啡摆放到小桌板上。张夫人醒来时，一不小心将热咖啡打翻在其貂绒大衣上。事后得知，该貂绒大衣非常昂贵。事发后，张先生立即提出投诉，并表示如无法恢复到原样就要求赔偿。

反思

　　由于乘务员未严格按照服务规范中对睡眠旅客的服务要求，直接导致了服务差错的发生。旅客睡着了根本不会去享受这杯咖啡，待旅客醒来后，咖啡已冷，也不好喝了，而且这样摆放的咖啡极易被旅客的一个小动作而打翻。可惜的是，案例中的乘务员并没有去考虑这些，她只是机械地在完成送出一杯咖啡的任务，没有站在旅客的角度用心服务。乘务员怕麻烦，以为旅客需要的咖啡已经送上就万事大吉了，省得以后再送，却没想到越是怕麻烦，麻烦越是随之而来。由于咖啡温度较高，且含有糖分，导致黑色貂绒大衣被泼洒的部位皮质变硬且绒毛粘连，且这件大衣价格昂贵，按照相关规定的赔偿额不能达到旅客的要求。事后，工作人员联系了上海知名的专业洗涤机构，得到的回复基本相同，即可以洗涤，但效果不能保证，尤其是皮质无法恢复到原来的柔软程度。但是工作人员仍不放弃，经过一番周折，终于了解到一家皮草专业洗涤机构，好在貂绒大衣是黑色的，店员表示基本能恢复原样。两天后，工作人员陪同旅客取回清洗后的貂绒大衣，并支付了洗涤费用，旅客不仅对洗涤效果表示满意，而且对公司处理紧急事件的效率和诚意提出表扬。

改进建议

乘务员在送出咖啡时，见张夫人已睡着，就不要再送出咖啡，而是关注客舱休息的环境，例如为张先生夫妇拉下遮阳板，关闭开着的阅读灯。发现张夫人盖在身上的高级大衣后，可再给她盖上机上毛毯，相当于给大衣加上一个保护套，免除了张夫人潜在的担心。待到张夫人醒来后，再及时送上一杯热咖啡，并说明刚才未送咖啡的缘由："刚才您睡着了，您休息得好吗？喝杯热咖啡吧。"温馨的话语加上温暖的咖啡，醒来后的张夫人又怎会不满意呢？

诚然，乘务员需要掌握规范的服务程序，但一味追求死板的规范，不顾旅客的实际需求，这样的服务旅客不会满意。

链接

这是经常发生在飞机上的一幕：旅客正在阅读，一位乘务员从他身边走过，主动为他打开阅读灯，然后走开。而旅客觉得当时的自然光已经足够，开了灯反而不舒服，于是就关闭了灯。没想到第二位乘务员经过时，又为他打开了阅读灯，旅客又关闭了它。后来经过他身边的乘务员总是热心地帮他打开阅读灯，旅客被这"热情"的服务惹恼了。

——多此一举的"主动"服务

每一位经过的乘务员都牢记并实践着"为旅客主动打开阅读灯"的主动服务，却没有乘务员问他一声："帮您打开阅读灯，您需要吗？"服务就是把规定的动作一丝不苟地做完吗？不，规定动作、规范要求只是服务工作的基础，服务不在于多，而在于恰到好处，乘务员要多问一问自己：你给予的服务是旅客真正需要的吗？用心服务、满足旅客个性化需求，才是优质服务的真谛，才能让旅客感到舒心。简而言之，给予旅客真正需要的服务，让旅客感到舒心，这就是好的服务。

服务技能关键词：规范有礼、个性服务、耐心细致、积累经验

第四节
创造惊喜超越期望——惊喜服务案例

若想在服务竞争中实现超越，一个妙招就是创造意外惊喜。在这里，服务不仅是要满足旅客的需求，还需要留意满足旅客未言明的潜在期望。卓越的服务总是超出旅客的期待，给旅客留下特别的、刻骨铭心的难忘经历。惊喜体验来自于从旅客的角度设身处地考虑他们的感受，人性化地提供他们所需要的服务，制造震撼的惊喜效果。

案例15

两条毛毯传惊喜

在一架航班上，乘务员发现客舱里走进一位老先生，衣服间隐约露出一条蓝色的宽腰带。迎客完毕后，乘务员拿着两条毛毯走到老人面前，微笑着将毛毯递给他："先生，您的腰是否不太好？给您用毛毯垫一下会舒服些。"老先生非常诧异地抬起头问道："你怎么知道我腰不好的？"乘务员指了指老先生身上的蓝色腰带说："我父亲跟您年纪相仿，他腰也不好，前些日子我刚给他买过一根这样的腰带。"乘务员边说边用毛毯为旅客垫好腰。老先生感动不已，他告诉乘务员，自己的腰的确不好，正担心长时间乘坐飞机会不舒服，没想到乘务员给予了他家人一般的照顾。

点赞

从一根腰带联想到旅客可能需要毛毯，细微之处显真情，一句关切的询问，两条小小的毛毯，乘务员的悉心观察和精准揣摩，给旅客带来了难忘的惊喜。试想，如果程序反一下，旅客提出需要一条毛毯，乘务员再送出，又怎会有如此神奇的效果？乘务员只要用心把旅客当做自己的家人或亲朋好友，就会看到他们的需求，然后用真情送上一份关爱和呵护，令小小的客舱不再陌生，而是洋溢着温馨与温暖。在这个案例中，旅客当时可能还没有想到要一条毛毯垫在腰后，乘务员却已为他想到了，生动地诠释了"服务于旅客开口之前"的服务理念，这一条毛毯贴心、暖心，因为传递着乘务员像家人一般的关怀。

三杯温水暖人心

情景

　　航班上，一位旅客正在看书，可他似乎得了感冒，间歇性的剧烈咳嗽。乘务员关注到了他，于是送上一杯温水。过了一会儿，旅客从包里取出一包药粉倒在水里，乘务员见状就又送上一杯温水，并配了一根搅拌棍。旅客用惊讶的目光看着乘务员。后来旅客睡觉了，乘务员拿来毛毯细心地为他盖好。当旅客醒来后，乘务员再次送来一杯温水。下机时，旅客由衷地向乘务员道谢。

点赞

　　有时候，更高境界的服务根本无须言语，只需要无声的行动就可以展现对旅客的贴心照顾。细心的乘务员没有局限于规定的流程服务，而是发现了旅客的身体不适，并以无声的服务语言一路陪伴。神奇的三杯温水，滋润了旅客的喉咙，也滋润了旅客的心田。乘务员把旅客当作亲人，真情为他着想，考虑他当时最需要的关怀，体贴周到、及时传递，让旅客感受到像在家一样的照顾，赢得旅客发自内心的感谢。

链接

　　入住美国一家五星级酒店的顾客这样回忆自己离开酒店时被酒店的贴心安排深深打动的场景："服务员帮我们泊好车，方便我们启程。令人惊喜的是，他们还在车里留下了小小的感谢卡，另一张卡片上列明了当地的优质的服务总是相通的，无论是航空服务还是酒店服务。一般认为，客人离开时，服务也就结束了，无须再费精力。可是这家著名的酒店可不这样想，聪明的酒店抓住了能留住客人心的机会，真诚地感谢客人的光顾，贴心地告知路上事宜，一切为了客人的方便和舒适着想。两瓶水虽然简单，却是人在旅途非常需要的物品。这一切，酒店都为客人想到了，在客人离开酒店时，温馨的感觉久久弥漫，下一次的旅行下榻地已经不容置疑地决定了——还是这家酒店。你为客人想得多，客人就难以忘怀你。曾有人说，优秀的客舱服务就是要让旅客上机时有亲切感，乘机时有舒适感，下机时有留恋感。旅游航班上，大多数旅客会购买一箱箱的当地特产水果带回家，水果虽香甜，可是细绳捆扎的箱子着实让手指疼痛。乘务员看在眼里，悄悄地准备着。下机时，当旅客提着重重的水果走来时，在机舱门口向旅客告别的乘务员会变戏法似的拿出一块小毛巾递给旅客："还有很长一段路要走，小毛巾给您垫手"，旅客一时还没明白怎么回事，随后又会心一笑，不住地回头道谢，这就是下机时的留恋感。旅客忍不住要回头，我们的服务并没有结束，我们不只是为了完成既定的服务程序，我们发现你的需求，我们为你的微笑而努力！

案例17

空中婚礼永难忘

情景

"乘务长，我们的航班什么时候可以起飞，我们18点18分要到上海举办婚礼，还来得及吗？！"1月4日，在昆明飞往上海的航班上，一对年轻人在机上等待了3小时后带着焦急的表情找到了乘务长。

当时已经是下午4点整，飞机仍然停在昆明机场的停机坪上。由于1月3日昆明机场大雾，导致机场关闭，该航班距离原定起飞时间已整整延误了21个小时。

经了解，今天是他们在上海举办婚宴的大喜日子，明天他们就要离开中国回澳洲了，如果今天赶不上婚礼就再也没有时间补办了。乘务长看了看手表，立即寻求地面工作人员为他们签转早点起飞航班的可能，但竟得知他们这个航班已经是最早前往上海的航班。这对新人听到消息后焦急得流下了泪水，不能和家人朋友分享他们的婚礼让他们充满伤感。此时整个乘务组心中也满是遗憾和愧疚，但是在乘务长的提议下，乘务组经过商量后决定不能给他们留下终身遗憾，乘务组一定要利用机上的资源，在确保航班安全的前提下为他们准时举办一次空中婚礼，给他们一个意外的惊喜。乘务长随即召集组员在地面完成分工，精心策划这一场难忘的空中婚礼。

飞机终于在17点25分飞上蓝天，18点15分，广播器里响起了乘务长的声音。在完成向旅客的致歉和感谢之后，乘务长继续说道："今天有两名特殊的旅客，他们计划昨天回上海，并在今天举办属于他们的婚礼。但因为昆明机场大雾，他们无法及时赶回，此时此刻，让我们为他们在机上举办一场难忘的空中婚礼"。18点18分，乘务员播放起在地面事先下载好的婚礼进行曲，乘务员带领新郎走到客舱的前部，安排新娘从最后一排踏着婚礼进行曲走向她的爱人。新郎献上了乘务组准备的鲜花向新娘求婚，新娘瞬间喜极而泣，部分旅客也流下感动的泪水并鼓掌叫好。与此同时，乘务长将准备好的两杯红酒交到这对新人的手中，"中国的习俗中喝完交杯酒就正式结为夫妻，让我们为这对新人鼓掌"。乘务长说完后，客舱中掌声雷动。接着乘务员请同行的新人的姐姐作为婚礼的见证人，接受了新人的致礼。头等舱乘务员则端出事先准备好的头等舱蛋糕，两位新人在完成了切蛋糕的礼节后作了致辞。在乘务员的号召下，旅客们纷纷为这对新人写下祝福的留言，机组成员也在明信片上签名并写下祝福。当新人接过客舱中119名旅客的祝福时，再次流下了激动的泪水，并坚持要向所有的"亲人"们鞠躬表达感谢。最后，乘务长提议在这特殊的2013年1月4日（爱你一生一世日），请客舱中所有的旅客抓住身边爱人或亲人的手，大胆向他们表达爱的祝福。顿时客舱中充满了爱的暖流，延误了22个小时的不快被旅客抛至脑后。

当乘务长走进客舱时，所有旅客都竖起了大拇指，向整个乘务组表达敬意。有一名旅客流着泪拉住乘务长的手说："感谢你为旅客所做的一切，敬重你的职业道德和敬业精神，以及用你自己的微薄之力来为旅客所作的弥补和努力。"

点赞

"空中婚礼浪漫温馨，让人感动，很有纪念意义。为航空公司人性化的服务叫好。"这是旅客的评价。这对新人刚才还在为不能如期举办婚礼而焦急流泪，没想到航班长时间延误竟然收获了一个特别又难忘的空中婚礼，真是出乎意料、超出期望。乘务长的创意，乘务组的精心准备为的是不让新人因航班延误而留下终身的遗憾。想旅客所想，急旅客所急，以真情的举动为新人创造了惊喜，这场空中婚礼已经成为这对新人永为牢记的一段幸福人生旅途。虽然航班整整延误了22个小时，虽然超负荷的工作强度给乘务组带来了巨大的压力，但他们把旅客当做亲人，积极化航班延误危机为全面赢得旅客信誉的转机，获得全体旅客的称赞！事后，这对幸福的小夫妻给乘务长写来感谢信，寄上喜糖。一年多后，他们还寄来了三口之家的全家福照片，让乘务组分享这个家庭由衷的幸福。这一段空中旅途早就超越了把旅客从甲地运送到乙地的航空运输概念，而是成为一对年轻夫妇人生新旅程的起点。蓝天白云，乘务组和旅客们共同见证了这段温情脉脉的记忆。

冰镇啤酒更完美

　　由桂林飞往上海的航班上，乘务员正在进行客舱巡视。忽然，一位外籍女士叫住她，递给她一张写满英文的意见卡："你们的服务让人倍感温馨，你们的微笑无与伦比，一次美好的旅程，感谢你们！PS❶：啤酒要是冰的会更好！"看到最后这句，乘务员与该女士作了简短的交流，得知她名叫欧文，来自澳大利亚，非常喜欢中国文化，也被中国人的热情所感动。刚才在供应饮料时点了一罐啤酒，觉得要是有冰的啤酒就更完美了。最后欧文还补充了一句："我们澳洲人都喜欢冰啤！"

　　带着这张意见卡，乘务员来到头等舱，向乘务长作了简单的汇报，并拿取了头等舱冰箱内的冰啤，而后折返到欧文女士身边。见她正在看书，乘务员便将冰啤酒和一块小毛巾放在她的小桌板上。她一下注意到发生了什么，捂嘴大声说道："我的天哪！太意外，太完美，太感谢！"她的同伴们纷纷送来喝彩声，仿佛她中了头奖般向她道喜。见到这一幕，乘务员微笑着对欧文女士说道："这是中国的冰啤，希望能带给您不一样的感觉，也愿此次中国之旅能给您留下美好的印象！"欧文欣喜万分，不住地点头。

---

❶ PS是postscript（备注，又可解释为附言、后记）的缩写。

下机时，当欧文女士经过这位乘务员的身边时，出其不意地给了她一个热烈的拥抱，而后又递上一张名片，说道："谢谢你，你就像我的家人，来澳洲一定要来找我！"这意外的一幕使乘务员心中久久不能平静。乘务员说，其实只是想外国人都比较喜欢冰的饮料和啤酒，就像中国很多人喜欢热饮，我只是尽力让她开心而已。

点赞

小小的一个用心，给旅客带来深深的感动。有时候，优秀的服务并不复杂，只是举手之劳，就能送上旅客需要的服务，关键是"尽力让她开心"的服务动力。经济舱的啤酒服务因为供应量多，难以做到将啤酒冰镇。但在服务中会发现，外国旅客一般都喜欢喝冰镇的啤酒，且不喜欢加了冰块的啤酒，因为那样酒味就淡了。这位欧文女士对服务很满意，唯一有个小小的遗憾，她没有责怪抱怨的意思。可是乘务员却不愿让她有遗憾，哪怕只是一丝不快。当冰啤出现在欧文女士的小桌板上，顺带还有一块贴心的小毛巾，这样的惊喜实在出乎意料。乘务员得体的话语更显示出航空公司的大气，无形中展示出中国人热情好客的形象。航空服务是窗口形象，"在外国旅客面前，我们代表中国"乘务员曾这样骄傲地说出自己的心语，这时候优质的服务体现的是国家的形象。

链接

有一位顾客去一家银行要求换一张崭新的一百元美钞，说是要为他的公司作奖品用。当时该网点恰好找不到新钞票，于是，银行的工作人员花了15分钟的时间，终于从别的地方找来一张新钞票。顾客十分感激，连连道谢。没想到银行服务人员十分郑重地把这张钞票放进一只盒子并附上名片，上面写着："谢谢您能想到我们银行，我们很荣幸。"于是，这位本来是偶然前来换钞的客户，特意在这家银行开了个账户，并存上了25万美元。

——"想到"和"荣幸"表达对顾客的尊重

　　找不到新钞票，简单地回绝顾客也未尝不可。可是顾客的失望以及可能给银行带来的负面效应却难以估量。这家优秀的银行认为顾客能"想到"他们是他们的"荣幸"，不但没有拒绝的理由，还紧紧抓住了这一机会。想方设法找来新钞票，却不是简单递给客户就完事，更妙的事还在后面。因为新钞票要作为奖品，所以要郑重保护好它，名片上的妙语更是俘获了客户的心，银行就此轻松获得了一笔存款。这家银行的做法真是出人意料，他们并不因为帮助顾客找来新钞票而要求顾客的感谢，反而感激顾客"想到"了他们，并认为那是他们的"荣幸"。可见，你为顾客创造一份惊喜，顾客也会回报你一份惊喜，这个精彩的案例实在让人激赏！

案例19

温馨奶茶用心调

情景

　　已是晚上9点30分，上海飞往越南胡志明市的航班上，乘务员正忙得不亦乐乎。

　　"叮"——7排D座的旅客按响了呼唤铃。"Finished"这位外国旅客示意将刚端上没多久的餐盘收走。看着他面前完好如初的餐食，甚至连面包都还没来得及上，客人就要求收走，乘务员心中十分不解。于是，乘务员用流利的英语微笑着询问道："先生，是饭菜不合胃口吗？"旅客挥了挥手，再次示意把餐食收走，态度坚决。"那现在给您上甜点和水果好吗？""嗯嗯，好吧！"他想了想才说道，似乎有些勉强。随后他看了看乘务员送来的水果和甜点，依然摇了摇头，问道："飞机上有饼干之类的食物吗？"这时乘务员迅速将机上所配的餐食品种在脑中想了一遍，还真的没有饼干！得知没有饼干，这时他有些生气地说："我晚上8点30分到的机场，本想在候机楼餐厅用晚餐，可是餐厅都结束营业了。我饿着肚子上了飞机，但这些餐食我一点都不感兴趣！实在是糟糕透了！"见状，乘务员连连致歉。可是，他拿起了一边的杂志翻看着不再说话。

回到厨房，乘务员们一起努力地回想着机上一切可能填饱肚子的东西。这位旅客很可能是初次来到中国吧，除了说抱歉我们还必须做点什么！4个小时20分钟的飞行时间，又怎能让客人空着肚子下机！一定会有办法的！乘务员急中生智地开始联想：吃饼干的人一般都喜爱甜食，甜食容易产生饱腹感，就从这方面入手。有了！其他客人在选面包时，选的是全麦包和餐包，头等舱的烤箱里正热着西式豆沙面包呢！就是它了，等等，只有面包未免单调，不如再配上一杯甜味高能热饮？之前他喝的是红酒，机上的咖啡未必会合乎他独特的口味，何不利用机上资源，帮他特别调制一杯香浓丝滑的奶茶呢！特别制作的饮品更饱含了我们由衷的歉意和对他的尊重。乘务员随即行动起来，在大玻璃杯中倒入三分之二的牛奶，放入红茶包，将玻璃杯放入烧水杯中缓缓加热，让红茶的味道完全融合在牛奶中。3～4分钟后取出热腾腾的奶茶，加入小半包糖，这样一杯香浓可口的奶茶就完成了！

当乘务员端着面包和奶茶微笑着出现在他面前时，他放下手中报纸，几乎是瞪大了眼睛，非常惊讶。"先生，这是热的豆沙面包，还有特别为您调制的热奶茶，我想您可能会喜欢的！"当听到"特别调制"时，他脸上的表情开始阴转多云，乘务员将面包和奶茶轻轻放在小桌板上，静静离开了。

5分钟后，他再次按响了呼唤铃，在他面前呈现的是一个空碟和一个空杯，杯子里的奶茶一口不剩！只见灿烂的笑容又重新回到了他的脸上，他开心地说道："这杯奶茶太美味啦"，然后一连说了好几个"Thank you very much！"

点赞

乘务员不折不挠，不愿让旅客带着不快和遗憾乘机，用心揣摩旅客需求，将主动服务发挥到淋漓尽致。当这位外国旅客对送上的餐食没有兴趣时，乘务员没有放弃，而是通过交流，抓住线索，通过联想，一步步推导出旅客偏爱甜食的喜好。利用机上有限的资源，创造性地调制出一杯温馨奶茶，特制的点心和饮料只为贴近旅客的需求，个性化的私人定制，怎能让人拒绝？乘务员的尽心终于换来旅客百分百的认可。一样的送餐，不是送出就好，是要送到旅客满意。为了旅客的满意，乘务员多一些观察——观察旅客的用餐情况；多一句询问——探寻旅客的实际需求；多一分思考——如何消除旅客的不快，不懈的努力终于赢得了旅客的笑容。

惊喜服务关键词：用心揣摩、想客未想、把握时机、创造惊喜

第二章

客舱安全奠定民航根基

学习目标

1. 了解客舱安全对于飞行安全的重要意义。

2. 掌握客舱安全处置的原则。

3. 学习客舱安全和应急处置的案例，从案例评析中强化客舱安全意识，掌握维护客舱安全的方法。

第一节
客舱安全概述

一、客舱安全的意义

乘机旅客的第一要求就是安全到达目的地，因此，安全是民航服务的生命线，也是永恒的主题。客舱安全作为飞行安全的重要组成部分，是给予旅客的最基本的服务，是旅客直接体会到的安全感受。乘务员既要为旅客提供热情周到的服务，又要坚持安全原则，进行客舱安全管理，目的是确保旅客的安全。所以，全力确保客舱安全，成功处置应急事件，是乘务员的岗位职责和使命。

二、客舱安全处置的原则

1.安全第一，以人为本

以保障人机安全为最高原则，最大限度防范客舱不安全事件的发生，减少突发事件所造成的人员伤亡损失。

2.严守规章，杜绝隐患

工作中要时刻树立安全责任意识，严格按章操作，仔细核查安全措施，杜绝安全隐患。

3.统一领导，协作配合

在机长、乘务长的统一指挥下，乘务员之间分工有序、紧密配合，以手册为准则实施规范的操作程序。

4.沉着冷静，迅速准确

遇突发事件，乘务员首先以沉着冷静应对，迅速反应、准确判断，果断采取正确的处置措施。

第二节
尽心履职维护安全——客舱安全案例

小隐患可以铸成大事故，乘务员必须从工作中的细节做起，防微杜渐、尽职尽责维护客舱安全，每一名乘务员要用心树立安全意识、细致观察安全状况，不放过一个可疑的物品和可疑的环节，及时消除安全隐患，全力维护客舱安全。

案例20

持续观察护安全

 情景

航班上，乘务员正在进行供餐服务，乘务员看到18排A座的旅客正在阅读手机中的小说，便上前要求该旅客将手机电源关闭，并告知飞机上全程禁止使用手机，同时告知民航总局也没有出过相关文件允许机上使用手机的飞行模式。旅客听后关闭了手机，乘务员在确认旅客手机关闭后继续服务。稍后，乘务员进行客舱巡视时，发现该旅客看到她走过时迅速将手中的物品夹在机上杂志里。由于乘务员并没有权利要求检查他手中的物品，就继续向后巡视，而后折回再巡视前舱时，发现这位旅客又在用手机阅读小说。乘务员再次上前要求旅客将手机关闭，并再次说明了手机不关机会造成的危害，旅客再次关闭了手机。乘务员随后将此事汇报了乘务长。乘务长及安全员向其他乘务员做了沟通，要求大家一起加强客舱巡视的力度，杜绝安全隐患发生。

点赞

旅客在飞行过程中仍然违规使用手机是经常遇到的事，案例中的乘务员巡视客舱仔细认真，不放过细节和可能存在的问题。他能敏感地发现隐患，采取合适的方式指出旅客违规使用手机，耐心地多次劝阻，终使旅客关闭手机。当碰到旅客对机上禁止和限制使用电子设备的规定不明确时，乘务员要耐心解释，取得旅客的理解与配合。当安全与服务发生冲突时，要在保障客舱安全的前提下为旅客提供优质服务。

案例21

婉转妙语为安全

在一次飞行途中，当所有服务程序完毕以后，乘务员巡视客舱经过一位先生身边时，发现他侧着身体正在开手机。乘务员便问道："先生，您知道飞机上不能使用手机吗？"旅客头也没抬地回答："知道。"乘务员用开玩笑的口气说："啊！那您是明知故犯呀！"紧接着，她又说道："先生，我知道您开手机是想知道时间。如果您还想了解时间的话，请按呼唤铃叫我，我会为您报时的，但是请不要开机，太危险了！"旅客听了不好意思地关闭了手机。

点赞

在不让旅客感到尴尬的情况下，乘务员成功地制止了旅客的违规行为。有时乘务员从正面指出旅客的不恰当行为，旅客很可能会因为面子有损而与乘务员发生争执，这不但不能起到劝阻和教育的目的，甚至还会引发其他意想不到的事情。因此，为了让旅客意识到并改正自己的不恰当行为，乘务员可以利用幽默、婉转的话语，从侧面去提醒旅客，让他自觉纠正自己的违规行为，既保全了旅客的面子，又达到了维护客舱安全的目的。

案例22

火眼金睛保安全

登机时，乘务长发现有一名旅客手捧着两箱印有"锂电池保护板"字样的纸盒上机。乘务长敏感地想到锂电池是限制携带的危险物品，立即上前询问。经查看，纸箱内的物品并非锂电池，而是集成电路芯片，每个大约0.5厘米×2厘米，被整齐放在每个小格子内。通过内附的检测报告得知此物品专门做过腐蚀性检测，腐蚀等级为8级，腐蚀率为0.34%。乘务长立刻请示报告机长，经过机长及安全员的判断，此物品应随机托运，不能进入客舱。为确保飞行安全，乘务长说服旅客，将物品托运处理。

点赞

乘务长警觉性强，看到印有危险物品标示的纸盒，能立即进行查验，及时汇报机长。最后，乘务长会同机组成员一起做出判断，及时采取了制止措施，为旅客消除了安全隐患。乘务员平时要加强安全业务知识学习，在航班实践中练就一双火眼金睛，以强烈的安全意识和娴熟的业务知识，及时发现问题、果断处置，全力确保旅客的安全。

机智言行说安全

在上海飞往锦州的航班上，旅客人数不多。乘务员在播放《安全须知》时进行客舱巡视，提醒旅客关闭手机。此时乘务员看到一名坐在应急出口的旅客脱了鞋子，将一张《安全须知卡》垫在脚下。《安全须知卡》是宣传客舱安全的重要物品，每一位旅客都应该认真阅读后将其归于原位，怎么可以垫在脚下。于是乘务员回到厨房拿了一张彩页报纸来到这名旅客的面前，微笑着对旅客说："打扰您了先生，如果您不介意的话，可否用这张报纸彩页替换您脚下的《安全须知卡》呢？"然后，乘务员向旅客解释道："《安全须知卡》是给每一位旅客在起飞前阅读的，告诉旅客在紧急情况下应该如何处置，所以对旅客的乘机安全起了很重要的作用。"乘务员耐心的解释和真诚的态度最终获得旅客理解，他马上穿好了鞋子，乘务员则把《安全须知卡》放回了原处，旁边座位的旅客看到后十分赞赏。

点赞

《安全须知卡》是飞机上每个座位必须配备的物品，用来保证每位旅客都知晓所乘飞机的安全要求，因此只能用于起飞前旅客阅读了解机上安全知识，不得随意用于其他用途。乘务员在纠正旅客的错误举动时，不是简单的说教，而是注意运用语言技巧，站在旅客的角度替旅客着想，并为旅客提供了替代措施，在没有给旅客造成不悦或尴尬的情形下，轻松化解了难题，既顾全了旅客的面子，又维护了《安全须知卡》的严肃性。

案例24

意识不强忘安全

情景

　　一架由上海飞往厦门的航班上，旅客人数较少。登机结束后，旅客开始自行调整座位。原先座位安排多数在前舱和后舱，中间旅客人数较少。旅客们都希望自己坐得更舒适、更宽敞，就纷纷起身更换座位，有的选择了靠窗的座位，有的从前舱往后挪，更多的旅客从后舱往前坐。飞机滑行时，乘务员在安全检查中发现了这一情况，立即劝阻旅客按照登机牌座位入座，乘务长在核查中也简要地告知旅客随意换座的危险性，终于在起飞前让旅客重回自己的座位。飞机安全起飞了。

反思

　　好险！飞机客舱里旅客座位的安排绝不是随意而为，而是结合旅客的重量和货舱中货物的载重情况，进行科学的计算后确定的。只有这样才能保证飞机能安全起飞和下降，否则将导致飞行事故。大多数的飞行事故都发生在起飞和下降的关键阶段，其中就有载重平衡的原因。本案例中，乘务员在旅客登机时未关注到旅客随意换座的现象，没有在旅客自行换座时就及时制止旅客的行为，疏忽了载重平衡的安全意识。

改进建议

　　在旅客登机阶段，乘务员在问候、引导旅客入座时，除了帮助并检查旅客行李摆放是否符合安全规定，还要防止旅客随意换座位，尤其是旅客人数较少的航班。如发现此情况，要及时制止，但要向旅客说明原因和可能导致的后果，劝阻旅客按照登机牌座位入座，确保飞机安全飞行。

客舱安全关键词：安全第一、保持警觉、认真严谨、防患未然

第三节
神圣天职转危为安——应急处置案例

保护旅客的生命安全是乘务员的神圣天职，乘务员平时的应急处置和应急撤离训练只为在危急时刻挺身而出，运用掌握的知识和技能正确处置险情、组织旅客撤离飞机，成为保护旅客、保护自己生命的勇士。

敏锐觉察，消除火情

在一次航班飞行中，飞机平稳飞行后，乘务组开始了忙碌的服务工作。一名刚从洗手间出来的旅客经过乘务员身边时散发出一股淡淡的烟味。出于职业的警觉性，乘务员马上询问该旅客是否在洗手间内吸过烟，旅客吞吞吐吐，言辞闪烁。为了避免意外发生，乘务员立即打开洗手间，闻到里面有烟味，推开废物箱盖板时，烟雾扑面而来，随之而来的是刺鼻的杂物燃烧的味道，显然是没有熄灭的烟头已经将废纸点燃。灭火迫在眉睫，乘务员随即通知同伴，迅速就近拿起餐车上的矿泉水向废物箱泼去，明火被扑灭。为了防止死灰复燃，乘务员又将废物箱取出，对里面的废弃物逐一进行检查，在确认没有发现明火的情况下，又检查了洗手间内其他地方，确认无火情隐患后向机长报告事情经过以及处置过程。由于乘务员的及时处置，没有发生更严重的后果。

点赞

一场由于旅客的违规引起的重大事故隐患被及时发现并消除，否则后果将不堪设想。乘务员安全警觉性强，由旅客身上的烟味联想旅客违规吸烟可能导致的安全隐患。仔细地查找、迅速地反应，明火扑灭后仍不放松，细致的后续检查确保火苗完全熄灭。乘务员的正确处置保证了旅客的乘机安全，也保护了飞机设备的完好。

案例26

勇敢果断，保护旅客

情景

三亚飞往上海浦东航班落地后，飞机在停机位停稳，乘务员准备开舱门，登机桥正在与飞机对接。突然，后舱三位乘务员听到旅客惊叫："飞机着火啦，地板冒烟啦！"一位乘务员立即冲往事发地点察看情况，另两位乘务员取出就近的海伦灭火瓶和呼吸保护装置前往支援。经过观察后，乘务员立即拿起电话，以紧急铃向前舱乘务长和驾驶舱汇报："后舱58排左右两侧座位底下通风槽有浓烟冒出，烟雾已至座椅高度，黑色烟雾，有刺激气味，乘务员正在组织灭火。"乘务长接报后，再次向机长报告后舱冒烟情况，并同时对头等舱乘务员下达命令："后舱58排冒烟可能会失火，廊桥停好后立即开门组织旅客撤离飞机，保持与驾驶舱联系，如有机长指令，用广播通知全舱。"随后乘务长取出前舱海伦灭火瓶去后舱增援，在通过旅客人群时，乘务长大声发布口令："大家向前靠，大家全部向前靠。"此时，客舱广播响起："各位旅客，迅速由飞机前门离开飞机，留下行李，留下行李，迅速由前门离开飞机，快！快！快！"广播不停循环。这时，中、后舱乘务员正在烟雾腾腾的客舱里，指挥旅客："低下头、保持低姿态，尽快离开飞机"。乘务长爬至58排时，发现地板与舱壁连接处的通风槽有剧烈浓烟滚出，就将通风槽盖板拔出，此时发现浓烟带有高温，便将一瓶海伦灭火剂喷入，另一乘务员在右侧同样操作。灭火剂喷完后，浓烟明显被压制，此时客人已全部离开飞机。机务人员及飞行组前来察看情况，乘务长汇报了事件过程和应急设备使用情况。

点赞

　　此次事件的处置全过程可谓是整个乘务组迅速反应、训练有素、专业勇敢、高效配合的成功典范！在危急关头，乘务组从容应对，运用平时学习训练的应急处置知识和技能实施灭火、组织旅客撤离，各司其职、有序分工，成功控制了火情，保护了旅客的人身安全，展现了乘务组临危不惊、处置有序的职业素养。

应急处置关键词：快速反应、沉着冷静、果断处置、保护生命

第三章

特殊服务传达尊重关爱

学习目标

1.了解特殊旅客的分类，掌握特殊旅客的服务要求。
2.从案例评析中学习各类特殊旅客的服务方法。
3.了解重要旅客的定义，掌握重要旅客的服务原则。

第一节
特殊旅客的服务要求

一、特殊旅客的分类

特殊旅客是指由于其身体和精神状况需要给予特殊照料，或在一定条件下才能运输的旅客。

特殊旅客分为老年旅客、儿童旅客、孕妇、盲人旅客、聋哑旅客、伤病旅客等。

二、特殊旅客的服务要求

乘务员要主动关心特殊旅客，提供特殊帮助，但要考虑到特殊旅客的心理和意愿，在给予帮助的同时维护旅客的自尊心。登机时，乘务员要主动帮助特殊旅客提拿行李、引导入座，介绍客舱安全和服务设施的位置及使用方法，包括安全带、呼唤铃、阅读灯、座椅、洗手间等。乘务员需要根据特殊旅客的实际需求提供针对性的帮助，可根据特殊旅客的意愿安排其优先或最后下飞机。特殊旅客需要给予全程的照顾和关注，才能确保他们度过安心的旅途。

第二节
特殊服务传递关爱——特殊旅客服务案例

机上每天都会遇到不同的旅客，他们都会有不同的服务需求。因此，乘务员的服务工作除了端拿倒送的流程和规范服务，还需要根据旅客的需求变换不同的角色，才能为这些特殊旅客提供满意周到的服务。

案例27

老年旅客的好儿女

情景

在一架航班上，旅客正在陆续登机。乘务员看到一位行动缓慢的老人，立即上前搀扶。考虑到老人行动不便，为便于照顾，乘务员把她的座位换到离乘务员座位较近的位置。又考虑到老人一般比较怕冷的特点，乘务员拿来毛毯盖在老人的身上，并帮她系好安全带。送餐时，乘务员主动询问老人平时的饮食习惯，特别推荐适合老人食用的鱼排饭。旅途中，乘务员与老人聊天，老人的情绪逐渐放松下来。老人告诉乘务员，前一段时间突然中风，由于年龄大又患有白内障，这次是到女儿那里去看病。贴心的乘务员还询问老人是否需要上洗手间，并在下降前陪伴她去了一次，解决了老人的后顾之忧。老人下机时，乘务员为老人联系了轮椅，全过程的亲情服务让老人倍感温馨。

乘务员真诚地为老人着想，点滴的细节关注，不但给予老人生活上的照料，还照顾到老人的心理，让老人放松下来，舒心地度过一个人的旅途。老年旅客多半是一个体弱多病的群体，独自乘机的老人，来到一个陌生的环境，加上行动不便，他们对所需的服务往往难于启齿，心情也格外紧张。乘务员要掌握老年旅客的心理，用真诚和细心消除老年旅客乘机的顾虑，像儿女一般对老年旅客给予体贴入微的照顾。与老年旅客谈话时，音量要适中、语速要慢、语言要简练柔和。提供餐饮时尽量送热饮软食，让老人感受到在家一般的温馨。

案例28

带婴儿旅客的好助理

情景

一位带着6个月大宝宝的妈妈独自乘机。乘务员发现后主动帮助拿行李并引导入座。为担心宝宝压耳朵，乘务员贴心地提醒妈妈，在飞机起飞与降落时给孩子喂些水或牛奶，不要让宝宝睡着。宝宝在接触新环境时有些不适应，乘务员立即送上机上小礼品来吸引宝宝的注意力。宝宝睡觉时，乘务员为宝宝盖上毛毯，并在妈妈的手臂下垫上毛毯，以防妈妈的手被扶手弄疼。提供餐食时，乘务员将餐食放在邻座的小桌板上，并帮她打开食物包装，取出刀叉，方便她使用。用餐后又立即收走餐盒，以便她有足够的空间照顾宝宝。机上有专供妈妈给宝宝换尿布的洗手间，乘务员主动告诉妈妈洗手间的方位及如何使用。当飞机抵达目的地后，乘务员帮助妈妈整理好行李物品，送至机舱门口。年轻的妈妈特别感动，一再地表示感谢，并对怀里的宝宝说："长大后我们还来坐飞机。"

年轻的父母怀抱婴儿乘机出行是不容易的，但是，有了乘务员悉心的照顾就大不一样。乘务员为年轻的妈妈想得很周到，他们既考虑宝宝，又考虑妈妈，以专业的知识、贴心的照顾免去了妈妈独自带宝宝乘机的忙乱和不便。这时的乘务员变身为带婴儿旅客的好助理。机上有专为婴儿更换尿片设计的盥洗室，乘务员要向旅客介绍这类盥洗室的位置及使用方法。下降时，乘务员要告诉旅客婴儿可能会压耳朵，提醒旅客唤醒婴儿。带婴儿的旅客会带有很多繁杂的物品，因此，飞机落地后，乘务员要帮助旅客整理随身物品，避免遗漏在机上。

案例29

无人陪伴儿童的好伙伴

情景

一天，乘务员们迎来了一名5岁的无人陪伴儿童，乘务员了解到小朋友是"小荧星"艺术团成员。刚上飞机那会儿她很安静。飞机平飞后，经济舱第一排传来了哭声，原来是那个小女孩。乘务员急忙上前安慰，可怎么哄也哄不住，小女孩哭着说她想爸爸了。哭声打破了客舱里的那份安静，坐在头等舱最后一排的商务旅客明显露出了不悦的表情。这时，男乘务长来到小女孩面前："瑶瑶（女孩小名），听说你是学表演的？看过最近很红的《爸爸去哪儿》吗？其实你们老师今天给叔叔安排了一个任务，就是在飞机上呀，扮演你的爸爸，你扮演爸爸的女儿，就像电视里那样！看看我们能不能配合好，如果好的话呢，就说明你已经是一名合格的'小荧星'了，还有一份小礼物哦！"乘务长话音刚落，小女孩就立刻收住泪水，进入了角色。于是，一路上有"爸爸"陪着，小女孩出色地完成了"乘机任务"，还得到了一个"爸爸"送的飞机拼图，瑶瑶很快乐！

5～12周岁的儿童如需独自乘机，可以向航空公司申请"无成人陪伴儿童服务"，这是航空公司为这群"小小飞行家"安排的一项特殊服务。每到寒暑假，这类特殊旅客就会增多。独自乘坐飞机的小朋友确实很勇敢，但其实他们内心多少都有点畏惧。试想在飞机上没有一个认识的人，周围都坐着陌生的叔叔和阿姨，幼小的心灵能不害怕吗？乘务员作为无人陪伴儿童的机上监护人，有责任确保他们的乘机安全和舒适。机上小旅客哭闹怎么办？一般情况下，乘务员会拿出一个机上配备的小玩具，不过有可能这个玩具不对小朋友的"胃口"；或是乘务员陪伴小朋友一起玩，可是乘务员有规定的工作程序要完成，哪能"脱产"啊？也不能任小朋友在客舱里哭闹，小朋友感到无助，周围旅客也会受不了。案例中的乘务长突破常规，巧妙地将"小荧星"和时尚娱乐节目融合在一起，创造性的制定出"陪伴方案"，既让小女孩度过了一段快乐的旅途，又保证了安静的客舱环境。所以，当遇到无人陪伴儿童乘机，乘务员可以针对每个小朋友不同的年龄、性别和性格，制定出合适的"陪伴方案"，让小朋友度过一段愉快的旅途。

案例30

盲人旅客的亮眼睛

情景

在成都至上海的航班上，有位盲人旅客登机。乘务员一边帮忙提行李，一边让旅客搭着手慢慢地引领她到座位。在放行李时，先询问是否有需要用的东西放在身边，放好行李后告诉旅客行李放置的位置。随后，乘务员向她进行了安全简介，并让旅客触摸了呼唤铃、座椅调节按钮、小桌板以及通风口的位置，还请她不用担心，乘务员会随时在她身边，落地后在座位上坐一会儿，乘务员会来到她的身边带她下机。送餐时，乘务员细心地把米饭的锡纸打开，在旅客的小桌板上按4个方向顺时针摆好餐食和餐具，并凑近她轻声说道："您好！，您的餐食都准备好了。"说着，握着她的右手，按照时钟的顺时针方向，一边解释，一边触摸桌上食物。供餐结束和落地前，乘务员都会询问她是否需要使用洗手间。无微不至的关怀使旅客备受感动，她动容地对乘务员表达她的谢意，并说真的就像在家一样，丝毫不会感到担忧。

点赞

　　乘务员在为盲人旅客服务时，要特别注意方法和细节，要按照盲人的习惯。为盲人领路时，乘务员不要去拉盲人的手，而是让盲人扶住乘务员的手臂，在上下飞机或遇到障碍时要随时告诉他（她）；盲人旅客触觉较为灵敏，在介绍客舱设备的使用时，应尽量让其操作一下，以便他（她）使用。提供餐食时可使用时钟介绍法，将各种食品在盘中的位置以钟点的方式向旅客介绍，便于盲人旅客自我定位，并提醒旅客哪一种是烫的。在为盲人旅客服务时要注意不要提及盲人的忌讳，例如不要介绍阅读灯，不要提到录像设备。

案例31

聋哑旅客的好帮手

情景

　　起飞前，乘务员在安全检查时发现坐在4排F座、4排G座的两位旅客在相互打手势，对服务设备指指点点，目光中充满了好奇。乘务员猜测这两位是聋哑旅客，而且应该是第一次坐飞机。飞机平飞后，乘务员拿了纸和笔，通过书写与他们沟通。乘务员写道："我是本次航班的乘务员小王，今天将由我来为你们服务。我们提供的饮料有……，主食有……，请您在需要的餐饮上打钩。离您最近的盥洗室在中舱位置，如有需求请使用座椅上方的呼唤铃，很高兴为你们服务，祝旅途愉快！"两位聋哑旅客没有想到乘务员这么细心，他们开心地通过书写与乘务员沟通起来。因为是第一次乘坐飞机，他们对托运行李如何提取不了解，就询问乘务员，而乘务员的解释他们似乎也不明白，乘务员就让他们最后下飞机。到达目的地后，乘务员便向当地工作人员介绍了两位旅客的情况，请服务人员带领他们提取行李。两位旅客放心地对乘务员又是微笑又是鞠躬。

点赞

乘务员对旅客的观察细致入微，不但发现了他们是特殊旅客，还推断出是初次乘机的旅客。乘务员主动采取了有效的沟通方式和服务措施，让聋哑旅客享受到了乘务员为他们度身定制的专属服务。当乘务员了解到他们的困惑和担心时，乘务员还委托地面服务人员帮助他们提取行李，解决了他们的后顾之忧。

案例32

受伤旅客的好护士

情景

在一架南京飞往福州的航班上，乘务员在迎客时发现一名脸上缠着绷带，面部严重烧伤的特殊旅客，而且这名旅客没有陪同人员。一同登机的旅客们都被那张烧伤的脸吓得纷纷躲避。乘务员一边热情自然地向他问候，一边为他安排了一个较安静的后排座位。在提供饮料时，乘务员见他缠着绷带，无法像正常人那样喝水，就为他拧开矿泉水瓶盖，拿来吸管插上，递给这位旅客。他充满感激又略带吃惊地抬头看了乘务员一眼，轻轻说了声"谢谢！"。航行中，乘务员发现这名旅客尚未痊愈的伤口开始干裂并向外渗血，他痛苦的表情很快被一直留意他的乘务员发现。由于客舱内很干燥，使得伤口再次裂开。乘务员连忙询问他有没有随身带的药物，得知没有药物后，乘务员马上回到厨房把干净的小毛巾放在沸水里蒸煮消毒，放凉后送到旅客的手中，让其擦拭伤口，这名旅客十分感动。

点赞

受伤旅客的自尊心较强，因此，为他们服务时，除了给予身体上的关心照顾外，还要注意照顾到他们的心理感受，他们需要的不是同情，而是理解。面对一位面部烧伤的旅客时，乘务员首先要做到的是自然大方，眼神和表情要像注视常人的目光一样，不能流露出害怕嫌弃的神情。案例中，乘务员贴心地为旅客调整了座位，避免了他的尴尬和其他旅客的不适，维护了他的自尊。随后的悉心照顾表现出乘务员的一颗爱心。

链接

在一架旅游航班上，经济舱来了一位腿脚不方便的轮椅旅客。经询问得知，这位旅客在游玩过程中不小心摔伤了腿。由于他的腿不能着地，男乘务员将他从登机口的轮椅上抱了下来，将其安排在经济舱第一排座位上，并将自己的飞行箱放在他的脚下给他搁脚，其他乘务员送来了毛毯让他休息。下机时，乘务员为他联系了轮椅服务，待所有旅客都下机后，又是那名男乘务员将他抱下飞机、坐上轮椅。这一切努力使这一段空中旅途不再畏惧，让受伤的旅客带着乘务员的关怀好好疗伤。

——受伤旅客的安然旅途

出门在外，常常会遇到意想不到的事，本是高兴地去旅游，却中途受伤提前结束旅程，还要承受肢体受伤的痛苦，旅客的心情可想而知。这时候，乘务员就要体谅旅客的心情，设法减轻他们的痛苦，这份关怀会给予旅客精神上的慰藉和力量。

案例33

患病旅客的好亲人

情景

在一架由北京飞往上海的航班上，乘务员在客舱巡视时发现坐在后舱的一位旅客脸色苍白，双手捂住腹部，表情非常痛苦。细心的乘务员连忙走过去询问是否需要帮助，原来，这位旅客到北京出差后，由于水土不服，得了急性肠胃炎，腹泻严重且手脚冰凉。考虑到旅客需要频繁上洗手间，乘务员为他调整到离洗手间近的座位。经验丰富的乘务员想到旅客在虚脱状态下特别怕冷，拿来毛毯给他盖上，还到厨房用饮料瓶充了热水制成一个简易暖水瓶给他暖身。供餐时，乘务员又想得特别周到，考虑到腹泻病人不适宜吃油腻的东西，便主动拿出自己的机组饭，用热水泡软，再送上航班上配备给机组人员食用的咸菜，递送到旅客面前，关心地叮嘱他吃得"清爽"点。虽然航班工作非常繁忙,乘务员还是不时抽出时间照顾这名旅客,直到飞机安全降落。乘务员又一再叮嘱该旅客赶紧上医院看病,不要延误病情。下机时,该旅客已明显好转,虚弱地向乘务员表达感激。

点赞

旅客单独出行最怕的是身体不适,没有亲人在身边,往往忐忑不安。但是来到飞机上,遇到了认真、负责的乘务员,旅客就不会再孤单。因为乘务员会像他的家人一样履行职责,用心想到他的需要。一条毛毯、一个暖手瓶、一份"清爽"的食物,对于旅客来说,这些看似细小的举动因着乘务员的用心,足以温暖他的整个旅途。悉心的照料让患病旅客在飞机上感受到了家人般的关怀和家庭的温暖。

案例34

孕妇旅客的好朋友

情景

福州至上海的航班正在登机,乘务员对每一位进入客舱的旅客问候:"您好!欢迎登机!"一位大腹便便的孕妇走了上来,乘务长见了欢快地问候:"您好,孩子是不是快要出生了?"孕妇幸福地笑着:"没呢,还差一个月呢,呵呵,不过医生也说孩子好大啊,让我克制饮食呢。"乘务长打趣道:"看来这一定是个调皮的小阿哥,把妈妈的肚皮顶得那么突出,有32周了吧?"孕妇:"是啊,还差4天就满32周了"。乘务长:"您坐哪？我看看登机牌，噢，32C。小敏带旅客去座位吧，顺便通知2号乘务员全程照顾好我们这位漂亮的准妈妈。"边上的乘务员接过孕妇手中的行李："好的，我带您去，行李就交给我来拿吧，我再给您拿条毛毯和一个靠枕。"乘务长随后通知负责经济舱的2号乘务员这位特殊旅客的信息，并要求传达所有乘务员：32排C座，怀孕31周加3天，属于公司允许乘机范围，但需要全程高度关注及细心的照顾。航行中建议旅客尽量不要吃米饭、面条类主食，以免胎儿的体重继续增加，可为她提供些水果、果汁及面包。为以防万一，请大家在登机完成后迅速翻阅手册，再次了解机上分娩的相关知识。孕妇得到了很好的照顾，舒心且安然地度过了旅途，感觉乘务员就像她的女伴一样在她的身边。

点赞 👍

真是一位热情且富有生活和工作经验的乘务长！对于孕妇乘机，为了确保乘机安全，航空公司规定如下：怀孕32周（含）以上，36周（含）以下的孕妇乘机时须提供医疗证明；怀孕36周以上、有早产症状的孕妇公司不予接受运输。乘务长在迎客时亲切的问候瞬间拉近了与孕妇的距离，她言语中的热情让人深受感染，让孕妇放松下来，并开心地与乘务长交流，也让乘务长获得了必要的信息。孕妇行将临盆的体态让乘务长警惕，善意的聊天不但是和孕妇的融洽交流，更是在评估她的状况是否符合公司规定。在确认可以乘机后，乘务长根据孕妇的特殊情况，迅速制定了个性化的服务方案，展开了一系列妥帖的安排：请边上的乘务员安排她入座，向经济舱其他乘务员传达该旅客的信息及为她特别制定的服务方案。孕妇得到了毛毯、靠枕、水果等特殊的照料，她不知道的是，乘务员们为防止意外，还重温了机上分娩的操作程序。这位乘务长可谓未雨绸缪，工作的周到和前瞻性思考值得称赞！优质的服务，首先要用心投入，不可或缺的是对各项安全等业务规定的把握和对相关知识技能的娴熟运用。

特殊服务关键词：悉心关爱、掌握方法、尊重意愿、贴心照顾

第三节
要客服务体现尊重——重要旅客服务案例

重要旅客是指航空公司规定的需要以重要旅客标准接待的旅客群体，一般是副部级以上的省市负责人和各部委负责人、两院院士、工商界人士等。

重要旅客的服务要求：乘务长接到要客通知单时，应了解要客有关情况及特殊要求，并制订相应的服务计划。要客登机时，乘务员应按要客单上的姓氏头衔称呼致意，但应尊重要客本人隐蔽之意愿，不宜在其他旅客前暴露其身份。乘务员要尽早与要客随行人员联系，了解要客的生活习惯，为服务工作提供参考。要客不希望被经常打扰，服务时要注意观察，运用掌握的信息尽力在要客开口之前提供服务。起飞后的航路情况、到达的时间、目的地温度等，可以在为要客调试座椅，供餐、送饮料时或者洗手间出来递上热毛巾时告知。全程关注要客休息环境的舒适度，让要客时刻感觉到乘务员的关注，可以安排要客最后登机、最先下机。服务中把握适度的原则，注意不要让其他旅客感到不同待遇、厚此薄彼的服务。

用心服务显尊重

　　乘务长在航前准备时接到通知，当天执行的上海至北京航班有一位重要旅客乘机。乘务长迅速在旅客信息系统里查询该旅客的座位信息、乘机偏好等。机上准备时，乘务长将毛毯等舒适用品摆放在他的座位上，根据这位要客的特点准备好他喜爱的报纸和饮料。当要客来到飞机上，乘务长热情地以姓氏职务尊称问候，随后送上准备好的毛巾、饮料和报纸。航行中，乘务长征询要客对用餐时间的需求，并注意观察，在要客休息时为他调整好客舱灯光，营造安静的环境。要客醒来后，乘务长及时送上热毛巾和茶水，并告知飞机降落的时间和当地的天气情况。飞机落地后，乘务长准备好要客的大衣和随身行李，热情向要客道别。

点赞

　　重要旅客一般都忙于工作，他们往往希望在机上进行休息调整。因此，乘务员的服务目标是尊重要客，让他们度过一段安静舒适的旅途。对要客的服务要做到热情有度、恰到好处，不要因为过多的服务而打扰要客。乘务员需要了解要客的乘机习惯，并据此提供个性化的服务。问候要客时要注意稍作隐蔽，因为多数要客并不希望自己的出行被别人注意。高层次的重要旅客服务是：当重要旅客有服务需求时，乘务员能及时出现在他的身边，并安排妥当；当重要旅客需要休息时，乘务员为他营造一个安静的环境，然后默默关注。

案例36

随意安排失尊重

一航班上客之前，地面工作人员通知乘务长有一位重要旅客（1排A座）和随行人员。上客时，一位外国旅客擅自入坐1排A座。之后，重要旅客登机，发现自己的座位被占用，乘务员提议要客可就坐于1排F座，要客没有反对。事后该要客虽未提出不满，但其随行人员向乘务长提出抱怨。

反思

乘务长得知航班中有重要旅客，却未引起重视。迎客时，乘务员引导旅客入座不到位，没有及时发现旅客未对号入座。当发现旅客坐错后，乘务员也未及时纠正，安排旅客调整座位，而是想当然地随意安排重要旅客入座，反映出对要客服务的细节不注重，对座位安排的尊次礼仪不清楚，最终导致旅客心中产生不悦。

改进建议

乘务长在得知航班中有重要旅客后，应告知头等舱其他乘务员，并组织大家提前做好接待重要旅客的准备工作。迎客时，应主动引导头等舱旅客入座，关注旅客的座位号，防止旅客坐错座位。发生问题时，乘务员应尽早与重要旅客的随行人员沟通，了解需求，注重重要旅客服务细节。乘务员平时应学习商务礼仪知识，按照礼仪规则实施重要旅客服务。

要客服务关键词：热情尊重、周到及时、个性服务、恰到好处

第四章

沟通技巧营造满意服务

学习目标

1. 了解沟通技巧在客舱服务工作中的重要性。
2. 掌握沟通技巧在客舱服务中运用的要点。
3. 从案例学习中感受沟通技巧带来的截然不同的效果。

第一节
沟通技巧概述

一、沟通技巧的重要性

沟通是人与人交流的一种工具，语言是沟通的桥梁，是让对方了解你的方式，是说服对方合作的基础，也是一个人职业素养、专业知识、经验阅历的综合体现。乘务员在工作中，更多的时候需要使用语言与旅客面对面的交流。在与旅客的沟通中，特别要掌握语言交流艺术，讲话时的用词、语气等往往会决定沟通的成败。拥有良好的沟通技巧是不可或缺的一种工作能力，对于顺利开展服务工作的重要性主要体现在以下方面：

（1）与沟通对象拉近距离，建立友善合作的氛围，深化人与人之间的情感；

（2）准确传递自己的想法，掌握对方的需求，找到双方利益的契合点，达成愉快的合作，从而实现自己的目标；

（3）为下一次服务和合作留下良好的印象。

二、沟通技巧在服务中的运用

1.营造融洽氛围

用热情主动的态度和有礼尊重的言行创建积极的沟通氛围，使沟通能够顺利进行。可以从热诚的问候和适合对方的话题开始，使气氛融洽，从而让旅客乐于交流，有利于下一步沟通的开展。

2.坚持以客为尊

以尊重旅客为原则，给旅客以关心，多说赞美的话，克制自己不要和旅客争论。如旅客提出不合理的要求，可以用委婉的措辞拒绝。任何时候都要给对方留有余地，维护对方的自尊。

3.善于观察揣摩

沟通中注意观察旅客的表情、眼神、肢体语言、说话的语气等，分析观察中得到的信息，站在旅客的立场为他着想，揣摩旅客的需求，采取不同的应对方法，从而达成沟通的目标。

4.仔细倾听确认

仔细倾听旅客的讲话，了解旅客的想法。当旅客抱怨时要耐心听取，不要急着辩解和打断旅客，认真听完旅客的讲话是一种礼貌。等旅客讲完后再进行必要的说明和解释，虚心接受旅客的意见和建议，并确认旅客的想法自己是否已准确领会。

第二节
沟通演绎优质服务——沟通技巧案例

语言是一门艺术。常言道：良言一句三冬暖。一句话可以使人笑，也可以使人跳，不同的沟通方法得到的可能是完全不同的结果。乘务员要学会巧妙地运用语言艺术，创造良好的沟通效果。语言沟通技巧反映了乘务员的职业素养和服务技能，要靠平时相关技能的训练和服务经验的累积。

案例37

寻找沟通的突破点

情景

　　一位男旅客上机后就向乘务员提出要三条毛毯，可由于毛毯的配备数量有限，乘务员只能给他一条，该旅客非常生气。乘务员反复对这位旅客解释原因，可他对乘务员置之不理，后来索性闭上眼睛不予理睬。乘务长了解这一情况后，先去观察了一下男旅客周围的情况，发现他们是一家三口出行。然后，乘务长看了看中间的男孩，微笑着对他旁边的母亲说："您的儿子长得真结实，您平时一定十分注意他的饮食。我女儿长得又瘦又小，您一定要好好教教我，我回去后也好帮女儿补补。"那位母亲听了笑着摸摸儿子的头发说："有好多人都问我这个问题，其实是我儿子不挑食，你女儿一定也要好好吃东西才行啊！"随后，她滔滔不绝地与乘务长聊起了孩子的养育问题。期间，乘务长适时为没有毛毯的事向她道歉，她连连摇摇手说："不要紧，没事的！"

当这位男旅客的要求没有得到满足时，就已经对乘务员的行为有了成见，此时若乘务员一味地向他解释客观原因，只会招致他的反感。经验丰富的乘务长却能换个角度思考，转移沟通对象，从旅客身边的亲人入手，通过细心观察，在他太太和儿子身上找到突破点，重新建立起沟通的渠道，又寻找到恰当的沟通话题，利用适度的称赞，打破彼此之间的隔阂，再找准时机，让旅客在轻松的氛围中接受我们的道歉。

案例38

截然不同的沟通结果

情景

在一架航班上，乘务员认真进行起飞前安全检查，见经济舱第一排旅客将电脑包随意摆放在脚边，火眼金睛的乘务员立刻指出："先生，这里不能放行李。"旅客抬头看了一眼乘务员，默默地将电脑包挪到自己脚下，并试图用脚挡住它。但这一举动还是没有得到乘务员的认可，"先生，这样也不行，经济舱第一排的区域都不能放行李。"乘务员犹如严厉的小学老师，一次次指出学生的错误，而此时的旅客早已失去了耐心，心中怒火就此点燃："到底要怎样，你们不是说小件行李可以放座位下面吗？这里不是下面啊？""是可以，但这是经济舱第一排……""那又怎样，你们强调第一排了么？"眼看一场无休止的争论就此爆发，乘务员觉得委屈：我是在执行安全规定，我没有做错。而旅客则觉得窝火：什么服务，什么态度，老是拿规定来教育我。随后一名资深乘务员走了过来。"抱歉，先生，您的电脑包恐怕不能放在这里，在紧急情况下它会影响到里侧旅客快速通行。""哦，这样的啊，那我放脚下吧。""先生，您一看就常坐飞机，对安全规定很了解。的确，小件行李是可以放在座位下前档杆区域，但是经济舱第一排比较特殊，没有前档杆，如果直接放在脚下，紧急情况会影响到您的救生衣拿取哦。"先生的语气缓和下来："有道理哦，那麻烦你帮我放行李架吧。"

点赞

得体的语言往往能化干戈为玉帛。第一位乘务员沟通失败的原因是因为他只是简单地告诉旅客不应该这么做，当想说明为什么时却因旅客的反击而走入了沟通的死胡同。资深乘务员沟通成功的原因是她首先肯定了旅客对客舱安全规定有一定了解，在心理上解除了旅客的抵触情绪，让旅客愿意听下去。然后再清楚地说明了第一排的特殊性，关键是从旅客的自身安全角度出发告知行李放在脚下存在的隐患。因为是切实为旅客的安全考虑，最终获得了旅客的理解和配合。良好的沟通是一个双向的过程，它依赖于你能抓住听者的注意力，并正确地解释自己所掌握的信息。

案例39

无声传递关爱

情景

上海飞往宜昌的航班上，一声声咳嗽打破了头等舱的宁静，原来是头等舱的韦先生在不停地咳嗽，剧烈的颤抖使得他脸上涨得通红。乘务员见状来到韦先生身边，询问是否需要帮助，有没有随身药物，然而越想说话越加剧了韦先生的咳嗽。乘务员迅速退回厨房，以一个新的沟通方式回到韦先生身旁。递上一杯温水，向他报以微笑，代替语言的是一张由乘务员写下的温情纸条："尊敬的韦先生，您好！我是本次航班的乘务员，我很荣幸能为您服务。深知语言的沟通会加剧您的咳嗽，造成身体不适，所以用这种交流方式和您沟通。稍后我们将为您提供午餐：有泰式虾球饭和牛肉炒面供您选择。如需帮助请随时告诉我们，请不要为咳嗽而感到尴尬，为您解除困扰也是我们的工作。祝您早日康复，旅途愉快！"当韦先生抬头看着乘务员时，眼神充满着感动。"谢谢你们，真的非常感谢。"韦先生同样以书写无声地与乘务员交流。

点赞

　　真是此时无声胜有声！有时候换种方式表达，能收获不一样的精彩。好一句"为您解除困扰也是我们的工作"，足见乘务员为了旅客的愉快而甘愿做出不懈努力。对于头等舱旅客的服务更要注重细节以及个性化的服务，设身处地地为旅客着想，适当灵活的改变一下沟通方式，既不影响与旅客之间正常的交流沟通，又能让旅客感受到服务的细致温馨。体贴入微的关怀、个性化的服务犹如丝丝细雨滋润旅客的心田。客舱服务除了向旅客提供舒适的座椅、可口的餐食、丰富的娱乐设备等硬件服务外，更能抓住人心的是乘务员提供的软性服务。乘务员要学会细致观察旅客需求，准确揣摩旅客需要怎样的服务，选择最佳方案，富有成效地解决问题。

案例40

巧妙应对解难题

某航班上，一位很帅气的先生一登上飞机就找到乘务员说："我认识你们老总，我要坐头等舱座位。"乘务员没有慌乱，而是巧妙回答道："先生，您一定是来考验我们的吧？我们一直听说领导想了解我们的工作情况，所以特意安排了他的朋友来考验我们。今天让我遇到您了。请相信我，领导的朋友就是我们的朋友，虽然您坐在经济舱，但会得到我们更加关注的服务！"问题就这样圆满地解决了。后续服务中，乘务员继续关注该旅客的需求，尽力服务于他开口之前，赢得了旅客的赞扬。

点赞

面对旅客的无理要求，乘务员没有生硬地拒绝，而是巧妙应对，以有理有节的语言，既维护了旅客的自尊心，体现出旅客至上的服务理念，又妥善地解决了问题。作为乘务员，对不同的旅客要有不同的服务方法。有心的乘务员从旅客登机时，就可以通过观察和简单的交流对旅客需求进行评估，做到心中有数，有的放矢。好的服务是根据实际情况，了解旅客的需求，把握旅客的心理，然后灵活应对。

切换思考的角度

在一架航班上，一排三个座位上坐着一对带婴儿的夫妻和一位旅客，那个婴儿正在母亲的怀抱里熟睡。乘务员见状不由得想，今天航班不满客，如果把坐在旁边的那位旅客调整到其他座位，孩子就可以平躺下来，这样不仅孩子能休息得更好，母亲也不用那么劳累了。于是，热心的乘务员走上前跟旁边的这位旅客客气地协商："先生，您看，这位母亲抱着孩子太辛苦了，今天航班中还有空座位，我帮您调换一下，可以吗？"没想到这个建议竟然被旅客断然拒绝："我只喜欢坐自己的座位。"乘务员愕然，悻悻地想：怎么遇到这样不知道体谅别人的旅客啊，真不好说话！乘务员却没想到问题是出现在自己的说话方式上。同样的场景，一位经验丰富的优秀乘务员是这样说的："先生，旁边这位母亲抱着孩子，你们坐得都比较挤，今天航班中还有空座位，我帮您调换一下，您可能会休息得更好些，您愿意吗？"这位旅客不仅欣然同意，还称赞乘务员想得真周到，而那位母亲也一个劲儿地向乘务员致谢。

点赞

同样的场景，为什么沟通的结果完全不同？第一位乘务员的言辞不是也很客气吗？问题出在哪里？原来是思考的角度不同，站在谁的立场上说话的问题。第一位乘务员以婴儿母亲的立场说话，有的旅客或许会让步，但不能保证所有旅客都愿意。"为什么要我换座位？"旅客可以不乐意。而第二位乘务员聪明地转换了立场，将沟通的主体由婴儿母亲换成了旁边的这位旅客，站在他的立场上为他着想，换座位是为了他更舒适，结果就完全不一样了。这样沟通的妙处还在于同时解决了两个问题，双方都要感谢乘务员为他们想得周到。要旅客配合你的工作，就要以他的角度思考！这样的功底，这样的服务艺术非一朝一夕养成，需要准确把握旅客心理，加上平时不断的经验累积和实践，才能驾轻就熟、炉火纯青地演绎出这样精彩而妥当的处置效果。

案例42

难以接受的"事实"

情景

上海飞往墨尔本的航班上发生了这样一幕。第一次供餐，飞机上提供红烧牛肉饭和海鲜面两种热食让旅客选择，当供应到贾先生时，他想选择的海鲜面恰好没有了。乘务员及时致歉并介绍，"今天的红烧牛肉饭是本月推出的新品，味道很不错"。"我只想吃面条"，贾先生坚持自己的选择。为了满足贾先生的需求，乘务员随即到头等舱找到一份面条递给他："刚好头等舱多了一份面条，我就给您送来了"。贾先生一听，很不高兴，"你什么意思，头等舱吃不了的给我吃？我是不是还要谢谢你啊？"乘务员的好心反而引来旅客不满，非常委屈和难过。

反思

在客舱服务中，旅客可能会因为乘务员只字片语的关心问候而感动，但也常常会因为一句无心之语而生气，令辛勤的汗水付诸东流。兴冲冲地终于找来旅客需要的面条，原以为旅客会感谢，没想到旅客却因这句脱口而出的"事实"而责怪起来。怎样才能让旅客欣然接受？这就是语言技巧的魔力，记得开口之前多站在对方的立场考虑，就会有不同的结果，就能让旅客乐意接受。

改进建议

乘务员从头等舱拿来面条后对旅客说："真对不起，您喜欢的餐食刚好没有了，您看，我将头等舱的餐食提供给您，希望您能喜欢。在下一次供餐时，我会请您优先选择餐食的品种，我们非常乐意为您服务。"待到下一次供餐，记得先让这位旅客选择，旅客又怎会不谅解？毕竟乘务员给予了一份头等舱餐食作为补偿，下一次还能优先选择餐食，这一次的不快实在是一件很小的事。

案例43

讽刺旅客太不该

情景

某航班上，一位旅客用完餐后向乘务员反映：米饭内的蔬菜一点也不新鲜。乘务员见餐盒内的食物都已经用完，便很随意地说："蔬菜不新鲜你怎么都吃完了？"顿时这名旅客感到很尴尬，怒气冲冲地问这名乘务员是怎么说话的。这时乘务员才觉得自己刚才说的话语不对，只得赔礼道歉。虽然这名旅客接受了他的道歉，但是刚才那番话语已伤害了这名旅客。

乘务员的服务意识去哪儿了？对旅客的尊重去哪儿了？旅客向乘务员反映对餐食的意见，乘务员本应虚心听取，这位乘务员却用言语讽刺、回击旅客。在服务业中，让你的旅客难堪可是一件接下去让你自己很难堪的事情。所以，乘务员要记住：任何时候都不能以无理的语言给旅客造成不悦或尴尬！即便旅客表面上接受了乘务员的道歉，可是他的内心是否真正原谅你？乘务员需要付出多少努力才能改变旅客的看法啊！

改进建议

当旅客向乘务员抱怨今天的蔬菜不新鲜时，乘务员要具有敏感性，表达对旅客意见的重视，进一步认真听取旅客的具体意见："真抱歉，今天的餐食让您不满意了。您可以告诉我具体的情况吗？我好反馈给我们的食品公司。"乘务员要注意不要解释客观原因，毕竟让餐盒内的蔬菜新鲜是可以做到的。倾听完旅客的意见后，乘务员应该真诚地说："您说得很对，我们的确存在问题，我们应该保证您在机上享用到美味的餐食。我一定马上反馈今天的问题，请相信我们会很快改进，希望下一次您来时我们已经改进了，到时欢迎您再给我们提意见。"沟通后，乘务员还应该再做一些补偿行为，例如去寻找一份新鲜一些的餐食或者准备一份水果，表达对旅客的歉意。

案例44

言语随意惹抱怨

 情景

在某航班上，飞机快要着陆了，因为是最后一个回港航班，乘务员紧张地做好着陆前的准备，包括将饮料、用具等都整理在餐车和储物箱里，并用封条封好。这时一位刚刚睡醒的旅客拦住一名乘务员："乘务员，来杯可乐吧！"该乘务员刚在厨房里将全部东西存放妥当，锁毕了餐车和储物箱，一听到旅客这么说，着急地脱口而出："啊！可乐？我们都封了！""什么？我要杯可乐你们就疯了？"旅客立刻不满起来……

反思

对于一位刚睡醒的旅客来说，要一杯可乐并不过分，虽然这个时机可能不太对。飞机就要着陆了，按规定，下降的关键阶段不能再做与安全无关的事情。可是问题出在乘务员的用词上，乘务员没有考虑旅客的需求，也许是刚刚辛苦地整理完饮料，所以脱口道出"实情"。旅客当然不能理解，自己只是要一杯可乐而已，"封了"还是"没封"总不能成为拒绝的理由。于是，两厢都不情愿起来。

改进建议

乘务员应把旅客的合理需求放在第一位，如果始终愿意尽力满足旅客的需求，无论餐车是否已封存，都会马上提供服务。服务时，乘务员一定要注意自己的语言，绝不能不顾旅客的感受而随意言之，要多用服务敬语，不用服务忌语。虽然，因为回收管理的需要回港航班要求乘务员将机上供应品整理好并封存，但并没有要求必须在飞机落地前完成，封存工作也不能成为拒绝旅客需求的理由。乘务员应考虑到乘机全过程中旅客对饮料的需求，对餐车的封闭工作可以在落地之后再进行。

案例45

一场不会胜利的辩论

情景

　　在云南的大风季节里，一航班由上海飞往昆明。飞机已经断断续续颠簸了一个小时。一位旅客按了呼唤铃，乘务员及时赶到，对话由此展开：

　　"飞机怎么那么颠？"

　　"先生，是这样的，现在是云南的大风季节，因为有乱流，所以很颠。"

　　"大风季节？我经常坐这条航线，从来没碰到过，我看是你们机长技术差吧。"

　　"先生，这和机长的技术没关系，是天气的问题呀！"

　　"没关系？我从来也没坐过这么颠的飞机，不是技术问题是什么？你这是什么态度？"

　　"我只是在和你解释这个问题……"。

　　旅客没再说下去，直接写了投诉信。于是，一场以飞机为什么颠簸为主题的辩论赛落下了帷幕。

旅客在抱怨飞机颠簸时，是想获得安慰、照顾和体贴，以缓解紧张的情绪，而乘务员对旅客的真实需求未探知，其结果就是不顾他的心理需求，还和他就颠簸的原因进行一场毫无意义的辩论。

改进建议

从沟通中了解旅客的真实想法，站在他的位置上为他考虑，感同身受地关心他的需求。可以询问他是否感到不适？随后帮助调整一下椅背，提供一杯他喜爱的饮料，以轻松的微笑和关心的举动将旅客从紧张的情绪里解脱出来。

沟通技巧关键词：以客为尊、换位思考、因人而异、寻求突破

第三节
重视投诉弥补服务——旅客投诉处置案例

旅客提出投诉是服务工作有缺失的信号，乘务员应该视旅客的投诉为发现服务缺失、改进服务缺陷的机会。投诉处置也考验着乘务员的沟通技巧，妥善地处置、积极的弥补能够化危机为转机，消除旅客的不满，获得旅客的谅解，重新赢得旅客的好感。

案例46

巧解咖啡危机

　　头等舱乘务员在进行服务时，不小心将一杯咖啡泼在了旅客身上。这位旅客穿着熨烫平整的衬衫，正用着平板电脑。乘务员只能硬着头皮道歉："先生，对不起，实在抱歉，我弄脏您衣服了，实在对不起！"。但这句"对不起"并不能平息旅客的不满，因为他将要穿着这身衣服去开会，而且咖啡溅到了电脑上。这时候乘务长端着龙井茶出现了，"先生，是我们的乘务员给您带来了困扰吧，看您很不开心的样子。"旅客没有回答。"既然咖啡给您带来了不愉快，不如换杯茶品尝一下吧，是我亲手为您冲泡的。"旅客仍然不说话。"有时候，出差开会，烦心事是挺多的，这样一直飞来飞去，有时候比我们飞的都多呢。不过我们能相遇在一个航班中，也是一种缘分呢！"旅客继续沉闷。"不如这样吧，我们的乘务员让您不高兴了，我让她给您准备些小点心，稍后我再来。"说完，乘务长就离开了，并且嘱咐乘务员为该旅客送上点心，擦拭衣服上的污渍，清除电脑上的咖啡渍。随后，乘务长向旅客介绍了公司新推出的快速补偿方案，并且特别示意自己明白旅客并不看重这种补偿，但还是希望旅客能够接受。整个过程旅客都没有过多的说话。下降前这位旅客对乘务员说了一句"刚刚不好意思啊，我态度不好"。一句简单的话，让乘务员感到欣慰和释怀。

点赞

　　对于一个商务出差的旅客，被饮料泼在身上总是一件很恼人的事情。

乘务长审时度势，用一杯茶转移了他的注意力，随后积极的弥补，有理有节的举动让旅客回归理智。当旅客生气的时候，乘务员要用一颗包容的心与旅客相处，诚恳的态度终会获得旅客的理解。当然，作为乘务员，练就娴熟、少出差错的服务技能是基本功，首先要让旅客安然度过一段旅途，在这基础上才可以追求舒适性，毕竟谁也不喜欢自己的衣服和电子设备被饮料"光顾"。

案例47

敏锐觉察速弥补

情景

在上海飞往广州的航班上，当乘务员巡视客舱时，有位乘客叫住了乘务员，"阅读灯开不了"。乘务员尝试开这个阅读灯，确实没有亮，但是前后排的阅读灯是好的，显然是这个阅读灯坏了。于是乘务员很随意地说了句："这个坏了，要不换个座位吧！"说完也没有其他行动便走了。起飞后，这位旅客按了呼唤铃，询问是否有耳机，乘务员又立刻回应道："不好意思，我们飞机上没有耳机的。"说完就走了。这位旅客对乘务员已非常不满。此时，巡视客舱的乘务长听到了他们的对话，到厨房问了乘务员刚才的情况，感觉到情况不对。于是，乘务长立刻带领当事乘务员给这位旅客道歉，旅客见乘务长重视他的感受，最终表示接受乘务员的道歉。

反思

机上设施出现了问题，影响了旅客的使用，但是乘务员既没有道歉，也没有采取弥补行动，言下之意是让旅客自己换个座位就解决了，和他没有关系。当这位乘务员再次简单地回答旅客关于机上是否有耳机的问题后，旅客被他散漫的态度激怒了。幸好有敏锐的乘务长及时发现旅客的不满，立即采取道歉等弥补措施，才以最快的速度化解了一件可能发生的旅客投诉。如旅客的不满已经发生，最好的处置是通过诚恳的努力把抱怨和投诉扼制在萌芽状态中，尽量在客舱里得到解决，避免抱怨或投诉进一步升级。案例中的乘务员毫无旅客服务意识，没有用心投入服务工作，招致旅客投诉也就成为必然。

改进建议

当旅客提出阅读灯不能使用，乘务员要意识到这是航空公司的问题，因为这个座位的设施不能供旅客使用，是公司没有维护好设备，因而影响了旅客乘机过程的舒适性。所以乘务员在确认设备的确不能使用后应首先向旅客赔礼道歉，然后有责任帮助旅客调换座位。乘务员可以观察周围有没有空座位，确认要调整的座位的服务设施可以正常使用后，向旅客提议："您是否愿意换到这个座位？这个座位的设备都是好的。"得到旅客应允后，乘务员可以帮助他将随身物品一起搬过去。因为毕竟因为设备不好让旅客调整座位给旅客添了麻烦，所以乘务员还应该礼貌地说："对不起，给您添麻烦了。"

案例48

被激怒的金卡旅客

情景

旅客王先生致电航空公司客服电话，投诉其所乘坐的航班服务令人失望。王先生是该公司金卡会员，但乘务员无法像往常一样通过移动数据查询到他的金卡身份，导致其未能在第一时间享受到金卡旅客应有的服务。王先生向乘务员提出需要一双拖鞋，乘务员表示拖鞋优先满足金卡旅客，王先生向乘务员表示他就是金卡旅客，但未随身携带金卡，不过登机牌上标有金卡的标识，可证明其金卡身份。然而乘务员却不愿主动核实旅客的金卡身份，回到服务舱发现拖鞋已经发送完毕，随即告诉王先生拖鞋也发完，王先生很生气。随后，另一位乘务员设法为王先生提供了一双拖鞋，却直接表示这是其他金卡旅客转让给他的，王先生大为不满，要求乘务长出面解决此问题。当班乘务长获悉后，与旅客进行了沟通，但始终未表明其乘务长身份，旅客认为自己的问题未被重视，下机后致电航空公司客服中心提出投诉。

反思

　　一而再、再而三地激怒旅客，整个乘务组的做法实在缺乏服务意识和服务智慧。可能是由于当时的网络信号问题，乘务员无法通过移动数据查询到王先生的金卡身份，但当王先生提出可以在登机牌上识别其金卡身份时，乘务员未予理会。另一乘务员设法为王先生送去拖鞋，本来值得称赞，但由于缺乏语言技巧，挫伤了王先生的自尊心，直接触发了他的不满。乘务长虽然出面与王先生沟通，但因未表明其客舱管理负责人身份，未满足旅客的心理需求，进一步激化了矛盾，反映出乘务长在旅客投诉处置过程中未意识到问题的严重性，缺乏敏感度，未能掌握旅客真正的诉求，错失了旅客投诉处置的最佳弥补时机，使得这起投诉逐步升级。

　　乘务员可以积累掌握多种核实旅客金卡身份的方法，当移动数据不能提供时，仍然可以确认金卡旅客的身份，确保金卡旅客能享受到公司规定的优享服务。此案例中，如乘务员主动核实了王先生的金卡身份，就应立即为王先生提供金卡旅客服务，并因核实身份延迟了服务时间向其致歉。乘务员服务时一定要站在旅客的立场上，把握旅客的需求，与旅客沟通和解决问题时，以让旅客感受到被重视、被尊重为原则。如需乘务长出面解决问题，乘务长应首先向旅客表明自己的身份，为本次航班服务令旅客不快表示歉意，表达对旅客意见的重视和积极改进的意愿，并视旅客的投诉为改进工作的机会。诚恳的态度和妥当的处置定能平息旅客的怒气、化解旅客的不满，重塑公司的形象。

案例49

逐步升级的不满

情景

　　旅客严女士因为服用了感冒药需要休息，向乘务员提出毛毯需求。但当日毛毯已经发放完毕，乘务员随意地回答她毛毯已发完。在后续服务中，该乘务员为儿童旅客提供了毛毯，恰巧被严女士看到。提供餐饮时，该乘务员在严女士已熟睡的状态下粗暴地吵醒她，询问是否需要用点心，随后又未提供点心给她。严女士询问该乘务员姓名，该乘务员懒散地走过来，拿着清洁袋写下自己的名字交予旅客，未询问原因也未进行任何沟通，且整个航程中，该乘务员始终无笑容、无敬语。严女士最终向民航总局提出投诉。

　　乘务员缺乏换位思考的服务意识以及冷漠的服务态度令旅客感到自己未受到尊重，这是旅客提出投诉的主要原因。当旅客的需求未能得到满足，乘务员未能从旅客的角度出发，做好旅客需求的进一步沟通，而是简单答复，给旅客留下了乘务员服务态度冷漠、工作积极性不高的不良印象。乘务员在为其他旅客服务时，忽略了当事旅客的需求，又在后续服务中惊扰了旅客休息，且未及时察觉和弥补，致使矛盾升级。在餐饮服务中，乘务员未做好旅客动态的观察，服务随意性大。旅客向乘务员索取姓名是对服务不满的信号，但乘务员未引起重视，而是以无所谓的态度对待，未进行及时致歉和沟通，且未将旅客的反应及时向乘务长汇报，致使乘务长错失了在航班中进行服务弥补的最佳时机，最终导致了旅客向民航总局投诉，给公司带来了负面影响。

改进建议

　　当毛毯已经发送完毕，又有旅客提出需要毛毯时，乘务员应先向旅客致歉，说明毛毯已经发送完毕，同时观察询问旅客是否需要其他帮助。本案例中，乘务员如经过询问就可以了解到严女士患了感冒，可采取其他措施帮助她。例如，可以观察是否有旅客拿了毛毯却没有使用，与其商量是否能提供给正在生病的旅客；关注严女士的休息状况，为她营造一个适于休息的环境，在她醒后适时送上一杯热水，这些体贴的举动会消除严女士没有得到毛毯的不满。如果在服务中不小心惊扰了严女士，乘务员应立即致歉，及时以其他服务予以弥补。当严女士流露出对服务不满时，乘务员应诚恳向严女士沟通致歉，及时消除误会，并将此事件报告乘务长。乘务长应尽快与旅客沟通，认真倾听旅客的意见，真诚化解旅客的不满，从而避免旅客投诉到公司外部，为公司挽回形象。

案例50

多余辩解致投诉

情景

在广州飞往杭州的航班上，乘务员正在收取旅客用完的餐盒。坐在17排C座的旅客将三个餐盒递给乘务员，其中一个餐盒内有旅客放入的未喝完的橙汁。乘务员在操作时，餐盒内的橙汁正好溅到16排C座旅客的头发上。乘务员见状立即向旅客致歉并将旅客的头发擦拭干净，但在言语中提到是另一旅客把饮料放在餐盒内所致，旅客感到乘务员在辩解而表示要投诉。

反思

这是由于乘务员服务技能和经验的欠缺导致的差错。乘务员在收取餐盒时未考虑到盒内有饮料的可能性，未提前防范。当事实已经造成，乘务员未认识到是自己的工作不到位造成，还在旅客面前寻找客观理由。事实上，收取旅客用完的餐盒和饮料时，进行整理、合理摆放、防止液体漏出等都是乘务员的工作职责。

改进建议

乘务员回收餐盒、饮料时，动作要轻而稳，不断积累经验，做好防范，既优雅大方又要避免将油污或液体溅到旅客身上。如发生差错，应在第一时间用规范的礼貌用语诚恳向旅客致歉，同时为旅客处理弄脏的衣物，不要寻找客观理由。

安全与服务的矛盾

　　哈尔滨至上海的航班上，飞机正在下降，一位旅客按响呼唤铃，希望乘务员为其不满百天的婴儿在奶瓶里加温水。但乘务员不予应答，只是通过广播告知旅客飞机下降期间无法提供服务。于是该旅客第二次按呼唤铃，乘务员虽前往应答，但未和旅客做任何沟通便回到厨房将奶瓶放在一边后自己入座了。由于婴儿哭闹加剧，旅客在不明原因的情况下只能自行前往后舱取回奶瓶。此时飞机即将着陆，乘务员情急之下用手推搡旅客的身体并要求对方立刻回座位坐好，旅客不满。落地后，旅客寻求乘务长帮助，希望给予合理的解释并要求提供该航班乘务员的姓名，但乘务长拒绝。旅客遂提出以下投诉：

　　（1）乘务员不能及时应答旅客的呼唤铃，满足旅客的需求；

　　（2）乘务员应答呼唤铃时未和旅客有过任何沟通，且迟迟未将奶瓶送回；

　　（3）由于婴儿啼哭加剧，情急之下，该旅客只能自行前往后舱工作区域取回奶瓶，却发现乘务员把奶瓶丢在工作台面的角落处；

　　（4）乘务员发现旅客后，用训斥的口吻命令旅客快回座位坐好，并用手推搡旅客的身体。

　　旅客认为，该航班的乘务员服务不够人性化，在面对旅客有特殊需求时不能及时给予帮助且对待旅客的态度极为冷淡，乘务长也未能给予合理的解释。

乘务员在安全和服务发生冲突时，缺乏灵活应变能力，乘务员不了解带婴儿乘机旅客的服务需求，未能站在旅客的角度运用换位思考法去分析和解决问题。根据安全规定，飞机下降时，乘务员不能做与安全无关的工作。乘务员虽然前往旅客座位，但未与旅客做沟通就返回，致使旅客不清楚乘务员是否会满足她的服务需求，以至于旅客在飞机下降的关键阶段离开座位，做出了去后舱寻找乘务员的举动，造成了安全隐患。而乘务员不能急旅客所急，将旅客的需求放在一边，只知机械地执行安全规定，情急之中竟粗暴地推搡旅客，给该旅客留下极为不良的乘机感受。案例暴露出乘务员服务主动性不强，为旅客着想不足，灵活处置问题的能力不强。当旅客就此事向乘务长提出投诉时，乘务长也未很好地与旅客做好致歉和沟通工作，让旅客带着愤怒下机，对整个乘务组提出投诉也在情理之中。

改进建议

旅客在下降时按响呼唤铃，在安全状况允许的情况下，乘务员应该前去应答，了解旅客有什么需要，然后评估需求的紧急和重要程度，是否需要立即满足，还是可以在落地后再完成。案例中，乘务员应该了解旅客急于给奶瓶加水的原因，如飞机确实已进入着陆前的关键阶段，就应该告知旅客："对不起，现在飞机马上就要着陆了，为了您的安全，请您在座位上坐好并抱好婴儿，我会为您准备好温水，待飞机落地后马上就给您送来。"一番沟通使旅客意识到飞机已进入飞行的关键阶段，理解乘务员无法再为她提供服务，但乘务员会在落地后就会给她准备好婴儿喝水的奶瓶，令她放心。随后，乘务员在奶瓶中冲入温度适宜的温水，飞机落地后即刻送到婴儿母亲手中。当安全与服务发生矛盾时，乘务员应该首先执行安全规定，但不能简单拒绝旅客的服务需求，要向旅客说明原因，让旅客理解"安全第一"的工作理念也是为了确保他的安全，然后再择时为旅客提供所需要的服务，做到安全与服务两不误。如果因乘务员未处置得当导致旅客向乘务长提出投诉时，乘务长应该迅速了解事情原委，诚恳地向旅客致歉，并采取弥补措施，积极争取旅客的谅解，避免投诉的发生。

投诉处置关键词：诚恳致歉、把握需求、抓住契机、积极弥补

第五章

特殊处置诠释民航责任

学习目标

1. 了解机上突发事件处置对于旅客和公司的重要性。
2. 学习不正常航班服务案例，掌握不正常航班服务的要点。
3. 学习机上急救案例，了解机上急救的过程和要点。
4. 思考机上特殊事件处置所带来的启迪。

第一节
特殊处置概述

一、特殊处置的含义

在航班飞行中，乘务员除了实施常规的客舱服务程序外还会遇到许多特殊情况。例如航班由于各种原因导致不能按原计划正常执行，旅客在机上突发疾病或发生意外，临时组织一场机上献爱心活动等，乘务员是否具有强大的心理素质和过硬的业务技能来应对这些突发事件？成功的处置要求乘务员秉持对旅客高度负责的职业精神，练就高超的专业素养，积累丰富的服务经验，三者缺一不可。

二、特殊处置的重要性

机上特殊情况的发生即是旅客需要得到帮助的时机，考验着乘务员解决问题的能力。乘务员良好的特殊处置将化解旅客的焦虑和对航空公司的不满，乘务员及时的帮助或救助更能得到旅客的认可和赞誉。因此，乘务员特殊处置是否得当，关系到航空公司的声誉和形象。成功的特殊处置是提升公司形象、诠释航空公司社会责任的有利机会，体现了乘务员的职业素养和公司的经营理念。

第二节
不正常航班服务赢得口碑——不正常航班服务案例

航班延误时，无论是主观原因还是客观原因，旅客一般都会怪罪于他选择的航空公司，随之迁怒于与他们直接接触的服务人员。乘务员的一言一行都代表着航空公司在航班不正常时对待旅客的态度。面对这种情形，乘务员要换位思考，理解旅客的心情；要与飞行机组保持信息沟通，了解航班延误情况及预计延误时间，确保信息及时准确传递给旅客；要主动与旅客沟通、倾听旅客抱怨，安抚旅客情绪，避免矛盾激化，用真诚化解旅客的怨气，用行动感动旅客，让旅客感受到乘务员付出的努力。

案例52

真诚体贴消怨气

情景

8月的一天，在广州至上海的航班上，由于机场航空管制使飞机无法准点起飞。旅客纷纷按响呼唤铃，询问飞机何时可以起飞。当得知还要继续等待时，一些旅客很是不满，询问变成了质问，且随着时间的推移，客舱气氛越来越糟糕。虽然乘务员微笑解释、道歉，但似乎并不能化解漫长等待给旅客带来的焦躁不安。

"为什么不能起飞？还要我们等多久？"一位旅客异常愤慨，不断地按响呼唤铃。乘务员非常耐心地向他解释："别着急，先生先喝杯水吧！一有消息我会立即通知您。""你们就不能告诉我确切的起飞时间吗？""对不起，目前仍未收到准确的起飞时间，请您再耐心等一会儿。""哼，你们的服务最差，问什么，什么都不知道。"面对旅客的指责，乘务员想到，这位旅客情绪如此激动，说不定另有原因。于是，乘务员问道："先生，您是不是有什么急事？"旅客说："我是到上海转机，到美国去开一个重要的商业会议，如果耽误了会议损失很大，你们负得了这个责任吗？"乘务员询问了转机航班的时间后真诚地说："别担心，按您美国航班起飞时间应该是来得及的，降落后我会安排您第一个下飞机。"

飞机在多时的等待后终于起飞了，乘务员算了算降落时间，感到有把握让这位旅客赶上衔接航班。飞机降落后，乘务员把旅客领到第一排，让他可以最先下机。刚要转身离开，没想到旅客叫住了乘务员："对不起，刚才我太冲动，请你原谅。""没关系，我能够理解您的心情，能赶上航班就好了，希望您以后还坐我们的航班。"

点赞

航班延误时，旅客的不满、怨气都会直接指向乘务员。面对旅客的责难，乘务员要克制自己的情绪，多从旅客角度考虑，想一想如果是自己正有急事，而航班又不能起飞，自己会是怎样的心情？理解了旅客的心情，就能调整好心态，耐心地与旅客交流沟通，用我们的真诚换取旅客的理解，赢得旅客的信任。乘务员首先要向旅客及时告知真实、准确的航班信息，必要时让旅客发泄一下情绪，了解旅客的真实想法。当旅客处于较为激动的情绪中时，不要只是辩解和解释，而是要设法提供"动之以情"的人性化服务，在旅客情绪平息后再"晓之以理"，用真心的客舱服务弥补航班延误给旅客带来的不悦和不便。案例中，面对旅客的指责，乘务员始终保持微笑有礼的态度，在安慰中了解到旅客的担忧，随后做出合理的安排，尽力为旅客解忧，最后竟获得旅客的道歉。

案例53

热食送到候机楼

情景

在一架锦州至上海的航班上，旅客已经登机完毕，但迟迟不能推出滑行，原来飞机出现了机械故障。机务人员立即投入维修，但4小时后仍然无法修复，旅客的不满情绪逐渐升级。地面人员不得不安排在机上等待了4个小时的旅客下机，到候机楼继续等待。正值供餐时间，由于锦州机场没有该公司的外派工作人员，想到旅客在候机楼里饿着肚子，乘务长做出了决定：把餐食送到候机楼。她组织乘务员将现烤的餐食和餐具装入餐车，送到候机楼焦急等待的旅客手中。他们一边向旅客致歉，一边送上餐食，旅客们为乘务员的真诚服务而打动。终于，飞机故障得以排除，航班在延误多时后起飞。

　　乘务员具有全局观念，秉承对旅客负责的精神，跨出客舱，提供了"无边界"的服务。飞机机械故障导致的航班延误，属于航空公司原因，乘务员首先要向旅客做好致歉和说明，然后要做好等待期间的旅客服务工作。本案例中，虽然旅客被安排到候机楼休息，但是想到正值用餐时间，而旅客们在候机楼里得不到服务，乘务组没有只顾自己在飞机上休息，而是突破性地跨出客舱，将餐食送到候机楼，用从客舱延伸至候机楼的真诚服务获得旅客谅解，努力消除航班延误给旅客带来的抱怨，为公司挽回了不利影响。

案例54

凌晨写就感谢信

情景

　　上海至广州航班原计划20点30分起飞，旅客全部登机后，乘务组得到机组通知，由于广州机场雷雨覆盖，飞机将长时间等待起飞。乘务长立即向旅客广播致歉，并组织乘务员进行客舱餐饮服务。服务流程完成后，乘务员进行客舱巡视，与旅客做好沟通和致歉工作，为旅客提供按需服务。期间乘务长多次与机长沟通，了解最新信息，并每隔15分钟将最新的航班等待情况广播告知旅客，安抚了旅客的焦躁情绪。但是随着时间的推移，仍然没有起飞时间。这时旅客的情绪从焦虑发展到激动，甚至言语过激，开始对乘务员指责谩骂，提出种种无理要求。在4个多小时的等待过程中，乘务员克服了自身的疲惫和旅客给予的压力，始终面带微笑，用语言安抚旅客，用行为感动旅客，对老人、儿童照顾有加，对确实有困难的旅客及时联系地面办理下机手续。考虑到在地面等待时餐食已经送完，乘务长联系地面保障人员加配热食和餐具。当飞机在凌晨12点50分起飞后，乘务员将热腾腾的餐食送到旅客面前时，旅客终于被感动了。下机时，一名旅客将一张纸条塞在乘务员的手中。纸条上写道："亲爱的机长和各位乘务员：你们辛苦了！我在你们身上看到了什么是包容！什么是接纳！什么是承担！什么是责任！我爱你们，我向你们行礼了！你们辛苦了！谢谢你们为我们的生命负责！感恩！"

点赞

　　航班延误时，旅客感到最不安心的是无法获知航班何时起飞的信息。该航班延误超过4个小时，乘务组坚持与机组保持沟通，向旅客提供及时的航班延误信息，使旅客对延误信息的掌握处于透明的状态，安抚了旅客等待的焦躁情绪，也为旅客理解乘务员的工作打下了基础。在等待过程中，乘务员以热忱、忍耐应对旅客的质疑和责难，这需要以换位思考的心理，从旅客角度感受旅客的焦急，才能理解旅客的举动；从旅客的角度发现旅客的需求，才能主动为旅客提供所需的服务，避免了旅客不满情绪的升级。起飞后的一份份热食无声传递着乘务员给予旅客的温暖，旅客终于被感动了，他们亲眼目睹乘务员们高强度的工作，乘务员们辛勤的付出最终赢得了旅客的尊重。

诙谐幽默化危机

某个航班因为航空管制，旅客已经在闷热的客舱里等待了很长时间。突然，坐在紧急出口旁的一名年轻的男性旅客按响呼唤铃，把乘务员叫了过去，并大声嚷道："再不起飞，我就把这个门打开，从这里跳下去了。"当时在场的乘务员恰好是一位正处在带飞阶段的新学员，她很严肃且郑重地告知旅客紧急门的重要性，并强调此门绝对不能打开。当她正对旅客说教时，经验丰富的乘务长出现了，只见她对年轻的乘务学员说："麻烦你先去给这位先生倒杯冰水吧，这个门的重要性，这位大哥可清楚了，因为他坐飞机的次数可能比你飞行的次数还要多得多！是吧，大哥？""大姐，您可别这样叫我，我应该比您小。"小伙子不好意思起来。乘务长迅速找到了突破口，微微一笑，"你以为我想这样叫你呀，可我没有办法啊，因为如果你把这个门打开，我面临的就是丢掉工作。像我这个年龄再找工作，你知道有多难吗？所以为了不失业，我必须得叫你大哥。大哥，就请帮我一个忙，把这个门看管好，可以吗？"周围旅客听了都哈哈大笑起来，小伙子更不好意思了。再经过一番对话和交流，当学员送水过来时，听到的竟是小伙子拍着胸脯在说："大姐，您放心，我在，门就在。即使我不在，门一定也还在！"一场威胁到应急门安全的危机就这样解除了。

有时候，恰到好处的幽默舒缓了气氛，于睿智中滋生力量，化解了危机。而正确使用幽默这个工具却并不容易，只有自信成熟、才思敏捷的人才能真正拥有幽默的能力。缺乏经验的学员，一开始被旅客的威胁吓住了，严肃地搬出规定教育旅客，殊不知在旅客长时间等待起飞已变得焦躁不安时，很难再听得进乘务员的劝解，此时如果乘务员一不小心说错了话就更容易激怒旅客。而经验丰富的乘务长，不按常理出牌，巧妙地避开直接矛盾，用一种诙谐幽默的方式让旅客接受并遵守机上的安全规定。虽然没有搬出规章制度，但却达到了更好的效果。在面对一些冲突和危机事件时，乘务员要有一种破冰能力，就是巧妙寻找有效的突破点，因为教条式的要求只会招致旅客的反感，乘务员可以将需要遵循的规范进行生动化、通俗化、人性化的再创造，让旅客从心里接受我们的规定，体谅我们的难处，从而配合我们的工作。

案例56

安抚旅客办法多

情景

  某日执行上海至绵阳航班，乘务组完成了起飞前的准备工作，但是飞机迟迟没有动。不久得到机长通知：由于航路天气不好，机场实施流量控制，飞机什么时候起飞还不知道。乘务长立即安排广播员进行航班信息广播。旅客一听广播顿时炸开了锅，大家意见纷纷，有的要退票，有的要投诉，乘务员只好对旅客耐心解释："天气不好的情况下，推迟起飞是为了大家的安全"；"您不要着急，如天气好转我们会尽快起飞的"；"看您满头大汗的，热吗？我给您倒杯水"……一名旅客表示要去参加重要的商务活动，航班延误就会赶不上了。乘务员得知赶紧上前做解释工作。虽然这位旅客性格非常急躁，但面对始终微笑的乘务员，他也渐渐冷静下来。乘务员看他平静下来了就对他说："一般重要人物总是最后出现的。"这位旅客也禁不住笑了，他说："我刚才也是着急，天气不好也是没有办法的事情。我能理解。给你添麻烦了。"获得旅客理解的乘务员欣慰地说："谢谢您对我们的理解，您有什么需要的话请按呼唤铃，我们很愿意为您服务。"此时，坐在后舱的一名旅客情绪十分激动地走到头等舱，大声地责骂航空公司，言语十分犀利，影响到了头等舱旅客的用餐。乘务长见状引导该旅客到头等舱乘务员工作区进行交流。乘务长耐心听取这位旅客的抱怨，然后柔和地向旅客解释航班延误的原因，让旅客了解是因为航路天气原因延误，并代表公司为因航班延误耽误了他宝贵的时间而致歉。经过心平气和的交谈，这位旅客的情绪慢慢缓和下来，乘务长也不失时机地关心旅客去绵阳的原因和工作情况，了解到该旅客在绵阳开了连锁快餐厅，并在抗震救灾中一直资助受灾居民的餐食。乘务长感动地表示要向他学习这份赈灾助人的爱心，两人交流了当年赈灾时各自所付出的爱心。在乘务员们耐心的解释和周到的服务下，多数旅客逐渐平静下来。这时接到机长通知，飞机马上就要起飞了，乘务员又投入到航班起飞前的各项准备工作中去了。

点赞

如何安抚焦躁旅客的情绪？看来这真是一门学问。站在旅客的立场上，告诉他是为了他的安全，这是一种方法；温柔的宽慰，送上一条毛巾一杯水，也是一种方法；以幽默的话语无形中抬高旅客的地位也不失为一种巧方法，因为人们都喜欢被赞扬；关心旅客的想法，寻找突破点，讨论共同话题是一种高明的方法。办法总比困难多，一把钥匙开一把锁，没有绝对的好，只有更适合。乘务员要学会观察不同的旅客，揣摩不同旅客的心理，找准解决的方法，化解旅客的不满。

中暑阿姨受感动

　　上海至北京航班上，由于上海出港流量控制，航班已经延迟抵达北京。不料到达北京后获悉北京出港也受到流量控制影响，也需要等待起飞。当日航班老人和儿童较多，乘务长作了延误广播，乘务组也及时在地面开展客舱服务。40分钟过去了，没有起飞的消息。乘务长与机长沟通后获悉：至少还要等待2小时。乘务长将此消息传达给旅客，但长时间的等候、飞机在地面空调运行不佳的问题让旅客们无法安静等待。乘务组一面安抚大家情绪，一面开展餐饮服务。就在送饮料时，后舱一个脸色苍白的阿姨和她儿子走到了中舱厨房。经了解，阿姨因为后舱太闷热加上航班延误情绪激动，产生中暑反应。乘务员见状，立刻报告乘务长，从机上药箱中拿出风油精给阿姨搽上，让阿姨躺在中舱空座上休息，并打开她座位上的通风孔。但阿姨的身体在颤抖，显得很虚弱。乘务员给她含服了人丹，并在她耳边轻声说道："阿姨，您不要紧张，没事的，飞机用不了多久就可以起飞了，这个药是人丹，效果很好的。"经乘务组照料，旅客的不适症状逐渐缓解，可以用手势、表情等回应乘务员。后来，旅客的状况继续好转，表示可以回到自己座位了。两个小时的等候结束，飞机终于顺利起飞。航程中，乘务员仍然保持对阿姨的关注，看到她可以进食，大家心里的石头终于放下了。飞机落地后，阿姨走到乘务员面前说："今天真是多亏了你们啊，太感谢了！其实这种延误不怪你们，刚才我身体不舒服也是我自己玩得太累，又忘记吃药，一激动就不行了。换了别人赶紧推掉责任，你们公司这样教导你们真的让我们感动。做什么都要以人为本，不能以利益为本才是真的。"乘务员笑笑说道："没事，阿姨，这个是我们应该做的，您保重身体哦！"

点赞

乘务员真情、妥善的处置赢得了旅客的好评。当航班延误时，乘务员要特别关注那些年迈又不经常乘机的老年旅客、儿童旅客等特殊旅客群体，观察他们需要哪些帮助。案例中的乘务员对突然发病的阿姨悉心照料，又在后续航程中加以关注，让旅客由衷感到航班延误时乘务员始终和旅客在一起，辛苦地做着各项解释和服务工作，他们的付出应该得到旅客的理解和尊重。

案例58

整体配合有欠缺

情景

下午1点，在上海到北京的航班上，乘务长得到机长通知：航班将延误起飞，没有具体起飞时间。于是乘务员向旅客广播致歉并送上茶水。等待半小时之后，机长又告知乘务长，需要再等待一个半小时。乘务组遂执行全套餐饮服务程序，为旅客送饮料和点心。服务流程结束后，旅客们开始抱怨，频频按呼唤铃，要求乘务员给出确切的起飞时间。乘务员只是微笑着说因为空中管制的原因，没有具体时间。但是旅客提出要机长广播说明原因。在等待了将近三个小时后，飞机终于推出停机位准备起飞。没想到就在快起飞前的滑行中，机长通知乘务长，飞机雷达出现故障，需要回到机坪检修。旅客的不满情绪终于爆发，很多人冲到头等舱来指责乘务长。这时，地面工作人员安排旅客带着行李下飞机等待。在等待一段时间后，飞机排除了故障，旅客又回到飞机上等待，期间地面工作人员曾告诉他们上机后就能起飞。而空中管制还在继续，所以航班需要重新排队。旅客们的呼唤铃又频繁响起，旅客们的不满转向了机长，问为什么等待了五个小时，机长一直未广播告知飞机不能按时起飞的原因。飞机终于在晚上6点45分起飞。

反思 !!!

　　航班延误时的服务需要从地面到空中整个团队的协作配合。虽然乘务长向旅客说明了延误原因并致歉，也进行了餐饮服务，但是旅客的不满并未消除。地面工作人员在与旅客沟通时未预料到航班可能继续延误而随口告知起飞时间，使旅客从充满希望到失望又增添了不满。此外，旅客希望得到机长发布权威信息的需求也未得到满足。

改进建议

　　航班长时间延误时，乘务组一定要把信息及时、准确地传达给旅客，除了提供餐饮服务外，还要多与旅客沟通，安抚他们的情绪，了解他们的需求，及时提供帮助。乘务组要加强与机长、地面工作人员的沟通与合作，乘务员和地面人员在和旅客沟通时注意不要轻易发布不确定的信息，不轻易向旅客许诺，而机长适时发布权威的信息更能获得旅客的信赖和理解。

不正常航班服务关键词：将心比心、沟通及时、为客解忧、化解不满

第三节
机上急救构筑生命通道——机上急救处置案例

旅客在机上突发疾病，有时甚至生命危在旦夕，乘务员虽然不是医生，但可以运用平时学习的急救知识投入施救，寻找旅客中的医生，寻求地面急救人员的帮助，通过紧密的机组协作和接力救助，为旅客构筑起生命通道，使患病旅客化险为夷。

案例59

与时间赛跑，为生命护航

情景

　　天津至上海的航班上，坐在头等舱的一对年轻夫妇显得有些不安。妈妈手里抱着一岁多的宝宝，宝宝脸上长了许多红疹，已当妈妈的乘务长心想或许是奶癣。迎客时，乘务长热情问候他们，协助安放行李，还夸赞宝宝很乖。奇怪的是这对夫妇没有任何反应，甚至是非常冷淡。

　　中午11点，飞机关闭了舱门。机长却通知乘务组，由于空中流量控制，预计起飞时间是12点15分。当乘务长把这一消息告诉头等舱旅客时，这位母亲突然哭了起来，直说："不能等啊！"经询问，这对夫妻是长沙人，宝宝15个月大，得了噬血性综合征，在长沙多处求医都无法治疗，好不容易听说天津可以治，就赶了过来，没想到周六和周日没有医生。在天津等了两天，周一一早赶到医院才知道，天津的医院只能治疗大人，不能治疗小孩，全国只有上海某儿童医院和北京的医院可以治疗儿童的噬血性综合征。今天上午在联系上海某儿童医院时，院方说可以治疗，但是治愈率很低，不过现在小孩子已经耽误了很长时间，随时有生命危险，要尽快送到医院来，该医院已经准备好病房和专家手术。这对夫妇这才飞奔到机场买了头等舱机票飞上海。如果要再等一个小时，这孩子就真的没希望了。孩子脸上的红疹就是皮下出血，早上刚发出来的。孩子的父母此刻心急如焚！

乘务长一听，立刻到驾驶舱，把这一情况告诉机长，机长随即联系管制中心，希望可以立刻起飞。此刻时间就是生命啊！几分钟后，管制中心回复起飞时间提早为11点30分，现在飞机立刻推出滑行。乘务长马上把这一消息告诉孩子的父母，大家松了口气。

11点30分，飞机准时起飞，一路上各地管制中心得知这一特殊情况后，都一路开启绿灯，指挥其他飞机避让，让出了最快的通道让该航班以最快的速度到达上海。机长预计13点到达上海，乘务长立刻告诉了孩子的父母，让他们不要担心，我们已经用最快的速度到达了，同时机长已经联系好救护车，可以直送上海某儿童医院。年轻的母亲一边哭着一边说谢谢。乘务长在她身边不住地安慰，同是母亲当然可以感同身受那份焦急和伤心。

宝宝的小名叫轩轩，生得白净可爱，生了这么重的病却也不吵闹。乘务长轻轻摸着他的头发和他说"加油"的时候，小轩轩突然睁开了眼睛，一双漂亮的双眼皮大眼睛看着四周，突然微微地笑，好像是在回应乘务长的鼓励。

面对乘务员端来的餐食，夫妻俩什么都不要。乘务员还是送上了热牛奶和面包说："多少也要吃一点，为了宝宝，你们自己的身体好才可以更好的照顾他呀！"夫妻俩这才吃了点东西。

在所有人的通力合作下，航班又提早了5分钟到达，于12点55分稳稳地降落在上海虹桥机场。救护车已经待命，停在离客梯车最近的位置，只求争分夺秒。

短短的一个半小时，小轩轩的脸上、身上皮下出血的红点已经不断红肿，小手肿得像个馒头，可是他都没有哭一声。大家的心里都有点沉重，乘务长送他们到救护车上，不住地说："一定没有事，一定会成功的，飞行这么顺利，手术也一定顺利！"孩子父母哭红了双眼和乘务长说"谢谢"。乘务组目送着救护车闪烁的灯光远去，心中满是祈祷和祝福！小轩轩的病情一直牵动着乘务员的心。

一周后，乘务长联系到那对夫妻，得知小轩轩急救成功，特地赶到医院去看望小轩轩一家。只见小轩轩已经能够啃香蕉了，健康可爱的笑脸让人欣慰。小轩轩的父母感激地拉着乘务长的手说："多亏了你们，那天要不是能提早起飞，小轩轩就没有救了。连医生都说当天到的实在是太及时了，如果晚到10分钟后果不堪设想！"

点赞 👍

这个案例真实诠释了"时间就是生命"的意义。乘务长急旅客所急，机长紧急呼叫，管制中心人员努力调配，沿途所有飞机避让，医护人员全力急救，所有人为守护一个可爱的小生命构筑起急救的绿色通道。大家真切参与了与时间赛跑的竞赛，从空中到地面，一场生命接力展开，乘务员贴心的关怀和真诚的鼓励给予这对夫妻以信心。成功的喜悦和后续的牵挂早已突破客舱服务的界限，丰富了这份职业的内涵，成就了乘务工作的社会价值，职业的自豪感油然而生。

案例60

机上突发心脏病，及时施救脱危险

大年初三，在一架航班上，27排座位的呼唤铃不断闪烁着，一阵急促的铃声是旅客发出的求救呼喊。正在客舱中巡视的乘务长立刻赶了过去。只见27排E座一名男士浑身抽搐、口唇发紫、面色发青、手捂着左胸口，呼吸十分困难的样子。凭借培训中学习的急救知识，乘务长初步判断是心脏病突发。在广播寻找医生未果的情况下，乘务长立即组织抢救。她安排好部分乘务员继续为其他旅客服务，要求他们同时安抚好旅客的情绪，随后带领其余乘务员实施急救措施。乘务长迅速为患者解开领口、松开腰带，乘务员拿来了机上急救药箱里的硝酸甘油，给旅客含服在舌下，然后接过组员递上的氧气瓶，熟练地扣好面罩、打开阀门为患者供氧。乘务长不断安慰旅客，让他不要睡着，给他盖上毛毯保温。同时，乘务长还安排一位乘务员记录急救的情况，以便落地后与医生交接抢救情况。渐渐地，患者的症状得到缓解。乘务长关照乘务员监控氧气流量，自己则去报告机长旅客的急救情况，请机长联系地面急救中心做好救护准备。飞机到达前，乘务长广播请求旅客们在飞机落地后不要急于站起来，在座位上稍等片刻，以便地面医护人员能顺利进入客舱，使患者在第一时间得到专业人员的救治。到达目的地后，急救中心的医护人员迅速来到机上为旅客诊治，旅客得救了。

点赞

　　当机上没有医护人员，抢救旅客的任务就落在了乘务员的肩上。面对险情，乘务长临危不乱、迅速反应，组织乘务员有序分工，凭借娴熟的业务技能，既安排好旅客服务，又对患者实施了正确的急救措施，成功的抢救使旅客转危为安。全过程的妥帖安排，显示了以旅客生命为重、全力救助的职业精神。

案例61

病人的好护士，医生的好帮手

情景

　　在一架飞往上海的航班上，一位旅客从盥洗室中走出，告诉乘务员自己身体不适。乘务员马上扶着他在座位上平躺，询问后得知他刚才在盥洗室大量吐血，现在身体虚弱，但并无其他疼痛，能进行交流。乘务员立即找到他的同伴，询问该旅客有无病史，之前有无食用过特殊食物，肠胃有无不适，身体有无受到外来伤害等。同伴及病人都表示一切正常。乘务长观察到盥洗室内的呕吐物为深红色血液状液体，遂锁闭该盥洗室，保留呕吐物作为病症观察依据。旅客表示到达后就要去医院就诊，希望乘务员安排救护车，在明确需要支付一定费用的情况下，旅客表示同意。乘务长报告机长，请求联系地面救护车。飞机到达上海后，地面医护人员上机，乘务组将病人发病的具体经过告知医疗人员，并提供了病人的呕吐物。医疗人员经过对呕吐物的观察及问诊，初步判断病人为胃出血，立即带病人下机就诊。

　　乘务组冷静、理性地处理了这起机上救助事件。乘务员发现旅客身体不适时立即上前救助、询问症状和病史、了解有无陪同。在发现有大量血液状呕吐物时，细心的乘务员能做好对呕吐物的保管，为医生准确诊断病症提供了依据。果然，医生上机观察呕吐物就做出了诊断，为病人及时、准确救治争取了时间。在这起事件中，乘务员堪称是病人的好护士，医生的好帮手。

案例62

旅客空中突昏厥，准确判断妥处置

情景

　　由上海飞往青岛的航班上，飞机平稳飞行后没有多长时间，一位正准备上厕所的旅客突然在洗手间旁边昏过去了。乘务员和安全员一起把他扶到旁边的空座位上，不停地呼喊拍打他，只见他渐渐有了意识。乘务员赶紧询问他有什么地方不舒服，他说刚才觉得头很晕，眼前一黑，觉得自己怎么也站不住。乘务员询问有什么病史及有无随身携带药物时，他都一一否定了。一位资深乘务员立即判断出这名旅客可能是由于没有吃早餐而引起的低血糖症状。询问之下旅客果然是睡眠不足，且没吃早饭。于是乘务员赶紧冲泡了一杯糖水给他喝下，又拿了两份点心给他。看他喝下糖水，吃下点心后，脸色逐渐好转，乘务员放心下来，之后乘务员仍留意照顾这名旅客。

点赞

对于这类病症并不严重，但起病很急的旅客，乘务员如果能做出迅速准确的判断，采取针对性的处置措施，就能迅速缓解旅客的不适症状。所以，乘务员在工作和生活中要学习掌握一定的急救知识，遇到机上旅客突发疾病时，才能施以援手。但乘务员毕竟不是专业医生，急救过后要提醒旅客，在飞机落地后去医院做进一步的诊断，避免病情加重、延误治疗。

案例63

乘机紧张突抽搐，后续关注想周到

情景

徐州至香港的航班上，几乎都是首次乘机的旅客。乘务员在服务程序完成后巡视客舱时，发现一名中年男旅客正头冒冷汗、四肢僵硬。乘务员立即上前询问了解情况，得知该旅客因首次乘机，对客舱密闭的空间感到非常恐惧。此时旅客症状有所加重，四肢开始出现抽搐，乘务员一边安抚旅客，一边小心地让客人平躺，并抚摸放松旅客脸部，并用毛巾让他咬在嘴里，以防他抽搐时咬破自己的舌头。乘务长及时赶来，为了让旅客放松紧张的心情，乘务长亲切地与客人聊起家常来，渐渐地经过乘务员对旅客的不断按摩和安抚，旅客情况明显改善。得知该旅客周五将乘坐这个返程航班返回徐州后，乘务长将旅客的姓名、发病症状、机上处理等都记录在《乘务日志》上，让管理人员可以通知周五执行该航班的乘务组继续关注这位旅客，让他安然度过旅途。旅客下机时已恢复正常，他不断地感谢乘务组，并表示以后再次乘机一定还选这家航空公司！

　　乘务员的安抚和妥善的救助措施使感到经受恐惧的旅客迅速平静下来，体现了乘务员的专业素质。不仅如此，当乘务员了解到旅客还将乘坐返程航班时，又细心地记录这位旅客的情况，周到地做好与返程航班乘务组的交接工作，使这份关心得以延续。真挚的关爱消除旅客的恐惧感，体现了航空公司对旅客高度负责的精神，旅客今后当然还会选择这家航空公司。

机上急救关键词：生命至上、抢抓时间、准确施救、空地协作

第四节
热忱相助传播爱的力量——特殊事件处置案例

　　小小的客舱是一个大大的世界，每天上演着不同的故事。乘务员作为客舱中的主人，关注着旅客们的喜怒哀乐，感情上与他们同喜同悲，行动上热情伸出援手，有爱心、有机智，可以做慈善，还可以协助警方破案，将浓浓的爱和人情味在蓝天中传播，使在旅途中一时有难的旅客获得帮助。

案例64

大爱无疆，情满蓝天

　　7月23日，在和田飞往乌鲁木齐的航班上，旅客登机伊始，一对特殊的父子就引起了乘务员的注意：父子俩人衣着破旧、眼神凄凉，孩子手上绑着绷带，绷带上血迹斑斑，未穿鞋子的双脚更是格外惹人注目。见此情景，站在舱门口迎客的乘务员试图与其沟通，他俩却反应十分木然。

　　乘务员将他俩安顿坐定后，发现这是一对维吾尔族父子，完全不懂汉语。乘务员决定用爱的微笑、善意的眼神来和他们沟通，并且特地从头等舱取来了拖鞋为孩子穿上。看着乘务员的举动，坐在身旁的父亲顿时就红了眼眶，父子俩对乘务员投来信任的眼神。父子俩朴素的穿着和他们脸上悲伤的表情，看上去好像遇到了极大的困难，不由让人心生怜悯。于是乘务员毫不犹豫地掏出100元塞到父亲的手里，用眼睛告诉他在下机后给孩子买双鞋穿。父亲紧紧捏着100元钱，默默地流下眼泪。虽然语言不通，但爱的暖流已开始流淌！乘务员想更多地了解这对父子，看是否可以帮上忙，可是碍于语言不通，无法交流。幸好坐在父子身后的一名旅客是和田警察，愿意帮助翻译。原来这对父子家境贫困，孩子今年只有小学五年级，但为了帮助家计，趁着暑期出来打工。却没想到，工作时右手不慎卷入机器里，折断了三根手指。和田的医生表示手指已无法修复，建议切除。但是父亲不愿放弃，抱着最后一丝希望，变卖了家里所有值钱的物品，又问亲戚借了点钱，带着所有家产5000元现金前往乌鲁木齐为孩子求医。可是，5000元怎么够做断指再植手术？乘务组得知后马上行动起来。在乘务长的带领下，每位乘务员、飞行员和安全员都解囊相助，伸出援助之手。机组成员的这一行动也带动了旅客们，大家纷纷起身，从行李架中拿出钱包，献出自己的爱心，整个客舱沉浸在温馨感人的气氛中。短短数分钟，整个客舱80位旅客，筹得捐款达6000多元。虽然大家素昧平生，但是，56个民族是一家，大爱无疆，大家都希望孩子的手指能保住。

当飞机稳稳地降落在乌鲁木齐机场，那位和田警察决定亲自开车送这对父子前往医院，看着他们远走的背影，乘务组每一位成员都在默默为孩子祈祷。

第二天，乘务组从和田警察那里打听到：他将父子俩送到了乌鲁木齐最好的医院，他们身上的钱正好够付医院一万块钱的押金。医院很快为孩子做好了手术，三根手指保住了！

点赞

好感人的故事！虽然难以和这对维吾尔族父子沟通，但爱是共同的语言！本就贫困的家庭再遭重创，父亲的不放弃让他们踏上了这个幸运的航班，遇到了一群善良的人。爱心能够传播，乘务员的举动带动了全体旅客，大家慷慨解囊，为了一个可怜的男孩，为了一份殷切的期望，大家的帮助使男孩得到了及时的救治。这对遭遇人生困境的父子没想到在机上感悟到了人间真情，乘务员的殷殷爱心保全了维吾尔族男孩的手指，乘务员的善行堪称伟大！

案例65

齐心协力，智擒小偷

在一架航班上，当飞机平稳降落，旅客下机时，客舱里突然响起了呼唤铃。48排A座的旅客焦急地向安全员报案说，他放在行李架上的包内两万元人民币不翼而飞。

乘务长了解此情况后立即报告机长，果断阻止旅客下机，并报了警。为了配合机场警方上机后的工作，乘务组一边做好旅客的安抚工作，一边注意客舱监控，在旅客中进行排摸、收集案发现场的信息。有一位旅客向乘务组反映，他看到过49排J座旅客曾翻动过48排行李架里的行李。于是乘务长让安全员控制好49排J座旅客，同时让其他旅客在《机上事件报告单》上填写证人证词。

机场警察上机后，乘务长向警察说明了情况，并递交了旅客证人证词。为整个案件的侦破提供了重要的线索。

事后，机场警方特意致电该航班乘务长，告之48排A座旅客失窃的两万元已找回，并对乘务组冷静处置，做好现场调查取证，协助警方快速破案的行为表示赞扬。

点赞

机上偷盗事件近年有上升趋势，犯罪嫌疑人利用旅客在机上时对放置在行李架上的物品放松管控的特点，乘人不备伸出黑手。责任心强的乘务员急旅客所急，在接到旅客报案后，迅速采取封闭客舱的措施，还主动排摸旅客情况，为警方破案提供重要线索，最终为失主追回了失窃的款项，乘务员在此事件中可谓功不可没。

机上打拐，有勇有谋

情景

在一架航班上，3排F座坐着一位40多岁的妇女，怀中抱着一个哭闹不止的小男孩，男孩口口声声地叫着妈妈。

有着20多年飞行经历的乘务长也是一位母亲，作为母亲的直觉告诉她这位妇女不是孩子的母亲。于是乘务长走上前拉着宝宝的手哄他，询问他的妈妈在哪儿，那位妇女赶紧回答说："他妈妈在厕所！"乘务长看着满脸泪水和鼻涕的宝宝，拿来纸巾帮孩子擦拭，有意识地边逗小孩说话边留意旁边妇女的神色，而这位妇女脸上明显表现出焦虑不安的神态。

大约5分钟后，有一位40多岁的男士拉着一位大约四五岁的小女孩坐在该妇女旁边，神奇的是，宝宝一看到这位小女孩就止住了哭声，不停地朝着她叫妈妈，目光始终在小女孩的身上。

这时，有着丰富工作和生活经验的乘务长再次警觉起来，这位男士看起来也不像是宝宝的父亲，旁边的小女孩更是一副畏惧的样子，不敢与这位男士有太多的亲近。

一贯工作稳重细致的乘务长把这些常人可能忽视的细节一一记在心上。这时候，在3排区域服务的乘务员回到了前舱，乘务长仔细询问乘务员关于3排客人的情况，询问这两位旅客是否还有其他的女性同伴。当得到否定答案的时候，乘务长心中隐隐地不安起来。

这时又有一位乘务员告诉乘务长，他在和"爸爸"聊天时曾询问孩子的年龄，"爸爸"很简单地回答说，女孩4岁，男孩2岁。可是妇女怀中的宝宝明显不到2岁啊。于是，乘务长又仔细地查看了旅客名单，上面显示宝宝是不满两岁的婴儿。这有些不合常理！乘务长感觉到事态的严重性，脑海中立即闪现出"人贩子"三个字。是否要报告机长？如果只是自己多心，会不会给旅客造成误解？怎么办？眼看飞机就要下降了，想到孩子纯真无辜的脸庞，没有多余的时间考虑，乘务长果断地联系机长，请求进入驾驶舱。

飞机正常落地后，机长打来了电话，告诉乘务长：已报警，等警察到廊桥上再开门，行动要隐秘，不要影响到其他旅客。收到信息的乘务长立即叫来安全员，部署了其他乘务员的职责。

飞机停稳后，登机廊桥靠了上来，乘务长从观察孔中看到警察已经就位，于是打开机门。乘务长来到警察身边，说道："我没有证据，只是高度怀疑。等他们离开人群，请找借口查他们的证件，拜托你们了！"看到警察会意的眼神，乘务长冷静地回到客舱里，向机长做了汇报，投入到正常的送别旅客服务。

没过多久，机长告知乘务长，这两个人正是警方追查的嫌犯。想到被拐卖的儿童有希望回家了，一贯热心助人的乘务长心里的石头总算落了地。

与此同时，一个千里跨省贩卖儿童的大案也初露端倪，警方立案追查，终于让孩子们回到了他们真正父母的怀抱。

点赞

为乘务长的高度警觉性叫好！她的有勇有谋解救了两个甚至更多孩子的命运。拐卖儿童是一个令人头痛的社会犯罪问题，令人发指！但敏锐机智的乘务长无形中把客舱作为打拐的第一现场，通过对可疑旅客的观察，根据孩子有些异样的哭声和对妈妈的呼唤声，乘务长大胆预测到了潜在的危机。为了可爱的孩子，乘务长果断采取措施，做出妥善安排，最终协助警方破获了一起拐卖儿童案，使得客舱服务岗位的社会价值进一步深化。

参 考 文 献

[1] [美]米歇利著. 金牌标准：丽思卡尔顿酒店如何打造传奇客户体验. 徐臻真译. 北京：中信出版社，2009.

[2] 韩瑛主编. 民航客舱服务与管理. 北京：化学工业出版社，2012.